U0165923

# 圖解

五南圖書出版公司 印行

五南圖書出版公司 印行

## 諮商助人技術

閱讀文字

理解內容

觀看圖表

圖解讓
諮商助人
技術
更簡單

# 自序

　　諮商技術通常是學習諮商者很在意的議題，然而因為諮商是「用心」之事，而非「匠工」之務，若只著重技術層面，未免將諮商專業看得太輕率、表面了！諮商師將諮商技術視為輔佐之用，主要目的就是希望可以讓技術成為有效助人的工具，但是最重要的還是諮商師這個「人」　如何進入當事人的世界、理解他／她的處境與所思所感，才能進一步採用有效的方式，協助其面對與處理生活的挑戰和困境。當然，許多人會聽人抱怨、卻不一定能夠有效協助，此時諮商技術就有其擅場發揮之地。到底該何時使用？如何使用？就是本書希望可以達成的目標。

　　對我來說，諮商是一門生活哲學，也就是相信諮商者會將其應用在生活當中。我從事專業助人工作數十年，最大的希望是可以讓諮商「普羅化」，其中最重要的一個環節就是：如何讓諮商理念為社會大眾接受、並在生活中有效應用諮商技術？這本諮商技術希望可以正確傳達這個理念，不僅是專業助人者的入門書，也可讓一般社會大眾可以知悉並善用於自己的生活當中，讓自己的生活更適意、美好，也與他人共好！

# 第三章　特殊技巧

# 第四章　諮商過程中需要處理的議題

# 第一章
# 基本功

# 1-1　諮商師的準備

　　諮商師是諮商技術的使用者，當然需要先準備好。諮商師該如何準備好，才可以進一步有效協助當事人？諮商師也是人類社會的一份子，如同當事人一般，會遭遇生命中的許多重大與瑣碎事務。然而，身為助人者，也最容易在與當事人互動過程中，勾起自身可能未處理或整理的事務，陷入過往情緒泥淖，無法有效協助當事人處理面臨的情境，甚至可能會因為自我議題的介入或混淆而傷害了當事人！

## 一、自我議題的適當處理

　　諮商師不是神，而是有七情六慾的凡人，無法客觀看待當事人的處境，因此諮商師受到當事人議題或情緒的影響是必然的，畢竟諮商是互動與互惠的歷程，只是諮商師身為專業助人者，需要維持適當的立場與客觀性，因此懸置（暫時放在一旁）自己的情緒與批判，讓出舞台給當事人，進入當事人的主觀世界內，同頻當事人步調、同理當事人的處境，慢慢梳理出當事人的脈絡與理解，然後才可能進一步對問題做有效處置的思考。

　　諮商師處理的是一般人都會遭遇的情況，因此極有可能會碰到自己有過或正在經歷的事件，倘若這些事件造成的創傷或影響未被承認或處理，那些殘留還在，可能就會影響到諮商過程與效能！邱珍琬（2023）的研究發現諮商師覺察到的自我議題有：針對重要他人

或自身經驗的情緒投射（反移情）、價值信念、需要被認可、關係界限、親密關係、從當事人的情況聯想及自己的情況而有不同領會或處理、權威或權力、溝通、信仰、替代或補償、生死與原生家庭議題等。可見諮商師也如一般人一樣，會被勾起或提醒曾有過的個人經驗或傷痛，甚至是牴觸自己的信仰與價值觀，這些也都可能影響諮商效能或當事人福祉，不可不慎歟！

　　自我議題通常需要諮商師自己敏銳與刻意的覺察，可以做自我整理或是個別治療，進一步有修正或是彌補動作或行動，而自我議題不是一次就可以做適當解決，許多時候是要定期做覺察動作、請督導協助或是自己去做諮商。諮商師既然從事助人工作，表示相信諮商是有效的，若自己還排斥諮商，或擔心諮商圈子太小、不肯求助或擔心洩密，可能就無法進行個別治療，甚至無法適當處理自我議題。其實在作者接受諮商師訓練的課程時，系所先要求我們去做個別治療，其用意在於：只有學習做當事人之後，才能夠明白當事人的處境、情緒與思維，了解諮商過程中可能出現的擔心、憂慮、困難、阻礙，以及被接納尊重以後的放心與解脫、看見療效，然後思考到諮商師的用心與作為，會更堅定或轉換自己的生涯選擇。

## 🧠 新手諮商師可能的自我議題（邱珍琬，2021，頁17-20）：

| 家庭中未處理完善的議題 | 自信不足（怕犯錯、過於依賴督導） |
|---|---|
| 家人關係 | 分離議題 |
| 自我照顧（太過專注他人） | 所學不敷應用 |

## ⚙️ 反移情可能出現的情況（不以此為限）：

- 不舒服的感受（如焦慮、無聊、無力感、困惑、挫折、罪惡感、著急、沒耐性等）
- 不喜歡當事人
- 想被當事人喜愛
- 試圖改變當事人
- 努力去迎合或鼓勵當事人之需求
- 無掌控感
- 企圖保護或拯救當事人
- 怕被當事人依賴

## 💗 反移情探索的面向（陳玉芯與刑志彬，2022，頁46-50）：

| 面向 | 說明 |
|---|---|
| 治療師本身 | 包括社會文化、早年經驗、親子關係與性格特質 |
| 當事人本身 | 包括發展特性、能力限制、情緒狀態與成長經歷 |
| 家長或重要他人所引起的反移情 | 諮商師本身的原生家庭經驗 |
| 治療情境所引發的反移情 | 包括遊戲治療情境、技術使用、治療發展階段與所屬場域的角色 |

## 🤲 反移情產生的來源分析（Hayes et al., 1998）：

| 向度一 | 根源（包括家庭議題、需求與價值觀、治療的特殊議題與文化議題） |
|---|---|
| 向度二 | 觸發的刺激（包括當事人所揭露的內容、治療師將當事人與他人做比較、治療架構或過程的變動、治療師評估治療進度、治療師對當事人的觀感與情緒） |
| 向度三 | 展現（包括趨近、逃避、負面感受與處遇計畫） |

### ＋知識補充站 •••••••••••••••••••••••••••••••••••••••••••••••

　　最早提出當事人的情況會影響諮商師療效的，是精神分析學派的佛洛伊德，他用「反移情」的觀點來看自我議題。諮商師在與當事人晤談的過程中，或是當事人本身，會讓諮商師有一些察覺或未覺察到的情緒反應、連結與重要他人間的未竟事宜，可能也會在治療現場對當事人做出反應（或許是喜歡、討厭、不耐煩等），這些都可能影響治療關係與諮商效果。

## 1-2 諮商師的準備：諮商知能的熟練──
## 理論與技術

諮商理論與技術不只是運用在個別諮商上，還適用於團體／家族諮商場域，換句話說，諮商師需要具備的專業知能要能面對單個或多位當事人。一般諮商研究所培育準諮商師的系統教育是從諮商理論、助人歷程、個別諮商、團體諮商到家族治療，然後連結兒童或青少年不同發展階段的族群，以及不同取向（如人本、理情、後現代）或是不同技能範疇（如遊戲治療、藝術治療、心理劇）的諮商。實際上最完整的訓練應由最基本的人類發展、普通心理學、人格心理學、教育心理學、社會心理學等著手，接著才是專業的諮商科目。以往的諮商師教育也是放在教育心理或是心理學的系所內，然而目前許多諮商所課程都較侷限在諮商師高等考試的幾大類別，學生修習的順序也不一定由淺入深，甚至會讓個別諮商與團體諮商課程同時進行，導致學生在學習時先備基礎不足，影響學習成效！

許多諮商所研究生在大學修業時並非心理或輔導本科系，諮商師養成的系所可能要求其下修大學部若干課程以稍作補足，但是學生學習的情況就較難掌握。諮商理論需要修練多次，才會慢慢釐清基本立論與觀點，若只是修「諮商理論」一門課，自然無法了解全貌，因此在接下來的課程（如個別諮商、團體諮商、兒童或青少年諮商等）會再度複習這些理論，只是這些課程主要目的是企圖將理論與實務做初步結合，因此要將理論做深度了解，需要學習者本身願意主動多閱讀，甚至閱讀理論原創者著作及逐字稿、不同作者如何解讀諮商理論，這樣差不多就可了解不同取向或理論的精髓。

諮商理論超過四、五百個學派，然而都不離十大取向，理論的基本人性觀不同，因此影響其對於問題的定義，會左右接下來的處置策略與方式。諮商理論經過幾次的改革運動（稱為心理學的五波勢力），從最初的精神分析到行為主義（批判精神分析的「黑箱子作業」，無法看見或測量無意識，因此重視可見的行為觀察、科學證據與評估）、人本學派（批判行為學派將人與動物視為同一、對動物的研究不能類化到人身上，而是要轉向人是有自主與成長潛能、需要被尊重接納與聽見）、多元文化（看見人類族群與社會習俗和文化的不同以及其影響，需要被看見與尊重）到目前的社會正義（拉高到人類的立場，除了視所有族群與文化皆為平等之外，還需要執行與展現社會的公義與正義，真正照顧到所有人）。要讓自己更熟悉諮商的幾個基本取向，除了選修課程、熟讀理論之外，還需要自己積極廣泛閱讀、參與一些工作坊；現在網路發達，許多資訊可以上網取得，不妨瀏覽相關網站、多加涉獵研讀，甚至與同儕或是教師討論，許多的影片也可以與諮商做連結，這些都是不錯的管道。

### 諮商的基本取向與觀點（整理自Corey, 2024／2024, p. 543）：

| 取向 | 觀點 |
|------|------|
| 精神分析治療 | 行為發自於潛意識的動機與衝突，童年經驗形塑人格。 |
| 阿德勒治療 | 社會興趣是重要的行為動力，每個行為背後有其動機；對童年經驗的詮釋，可以看見人格特色與生命目標。 |
| 存在主義治療 | 人類存在的基本事實是孤單、死亡與焦慮、自由和責任，人有選擇的自由，也需要負起連帶的責任；生命有限，需要創造自己生命的意義。 |
| 個人中心治療 | 人有成長的潛能，遭遇問題是「暫時被卡住」，只要在被接納與尊重的氛圍下，就可以掙脫束縛、恢復能力。 |
| 完形治療 | 人類的行為與大腦功能一樣，有完整組織的傾向，思考、感受與行為的整合是重點，若出現問題就是沒有整合或與自我真正接觸（覺察）有關。 |
| 行為治療 | 行為乃學習之產物，改變就需要重新學習；人被視為環境的產物、也是創造者，重視人的主動性與認知。 |
| 認知行為治療 | 人類傾向錯誤思考，且會主動灌輸這樣的想法；認知（或思考）決定人的行為與情緒，因此學習新的問題解決方式很重要。 |
| 選擇理論／現實治療 | 人類最重要的需求是與人的關係／隸屬，並據以做決定。現實條件、責任、對錯是選擇理論的精髓。 |
| 女性主義治療 | 從性別與權力的角度出發，看見社會的不平等，主張「個人是政治的」，人不能自外於政治與政策，企圖促成社會倡議與改變。 |
| 後現代治療 | 真實是多面向的，人是自己的專家，重視人的主觀看法、尋找解決方式而非問題原因；人們透過對話塑造自我及生命意義。 |
| 家庭系統治療 | 人生長在脈絡（環境與關係）中，自然受脈絡的影響。家庭為一系統、牽一髮而動全身，家人互動關係影響人際，家庭也提供了解個人與其人際關係之重要資訊。 |

### 熟悉諮商技術的途徑：

➤ 先從標準程序的練習開始　　　➤ 將所學運用在日常生活中

➤ 在課堂之外與同學做額外練習　➤ 讓技術成為自己能力的一部分

**＋知識補充站**

　　諮商理論是從歐美文化中萌芽，許多理論是由白人、中產階級的男性研發而來，因此直接「移植」到我們華人世界中、會有許多需要調整改良之處（所謂的「適文化」），也的確需要諮商師的深思熟慮與創意，要不然可能會有扞格或不妥，不僅沒有造福當事人、反而造成傷害。

# 1-3 諮商師的準備：生命經驗與核心理論

每位諮商師都不是從零開始，諮商師的生命經驗，可以協助諮商師同理當事人處境、提供自身曾有過的失敗或成功領悟（示範作用），還可據以找出適合自身經驗和個性的核心理論。諮商師本身所信仰的理論與其世界觀、價值觀，及能否解釋其生命經驗有關。每個人只能活一種生命，卻可以從他人的生命經驗（不管是觀察、對談、故事、閱讀或其他）中，探看自己的生命目標與質感，甚至豐厚自己的生命！諮商師的核心理論就是處理每個個案的起手式，然而還需要進一步做調整與修正，因為當事人或許不適合此理論的立論或解釋，就需要從其他理論來探看。核心理論協助諮商師的個案概念化，也就是協助諮商師如何看待當事人所遭遇的議題、做出假設，並進一步隨著資料及理解的增加，而做調整與修正，進而做出處遇計畫並執行。核心理論提供諮商師一個架構，讓治療過程的許多面向有意義、也給予方向（Corey, 2013, p. 3）。

倘若沒有核心理論在背後，諮商師就無法對當事人的議題做初步探詢與了解，並形成假設，也可能讓諮商師無法深入、有效，甚至一直在原地打轉、毫無進度，想要造成改變將無可能。核心理論基本上是諮商師自己相信、可以解釋自己的生命經驗或適合自己性格者，只是接觸一般綜合式的諮商理論，無法深入其堂奧，得要諮商師自己就某一兩個心儀的理論，作深入閱讀與了解，甚至閱讀理論發明者的原著及治療逐字稿，差可貼近理論的精髓；此外，還得要諮商師本身願意就這些理論實際執行與運用（包括用在諮商場域和當事人身上），慢慢修正自己的理解與技術、做有效介入，這個理論才會成為諮商師的核心理論。

沒有一個理論適用於所有的當事人，或對所有的當事人／議題有效，諮商師也須對其他理論嫻熟，因為諮商是為當事人做「客製化」服務，而不是只依循諮商師自身的理論來因應或框架，也因此諮商師的核心理論只是面對不同當事人的「起手式」，不一定適合該當事人或其主訴問題，接著就需要諮商師針對當事人的性格與議題、去評估哪一種理論可能較速配，還要實地試驗了才知道，若還是不行，就需要改弦更張、思考另一個取向或理論觀點。

近幾十年來，整合治療（integrative therapy）已經是一個趨勢，不管是從技術、理論、同化或共同因素來做整合，其目的都想要為更多當事人提供更有效的服務（Corey, 2017, pp. 429-430）。另外，很重要的是：諮商理論來自歐美，在台灣運用在華人身上，就需要考慮文化的速配性，需要做一些剪裁和修正，而不是硬生生套用，這都需要諮商師更多的臨床經驗與實務的印證，才會領略其中之奧妙！

**小博士解說**

諮商師的自我照顧（Corey, 2005; Kottler & Hazler, 1997）可包括：一般的身心靈健康、人際關係與界限、要權衡接案量與限制、給自己足夠的休閒與休息、進修、建立與維持良好的支持網路、有固定督導與討論對象，以及找諮商師做治療。

**完形學派提及自我覺察的功效**（Zinker, 1978, cited in Sharf, 2012, p. 226）

- 個體對於自我身體感受與環境有充分覺察；
- 個體擁有自己的經驗，而不會將自己的經驗投射在他人身上；
- 個體學會覺察自己的需求與滿足需求的技巧，同時不會妨礙他人的權益；
- 充分與知覺接觸，可以容許個體去欣賞自己所有的面向。
- 與其哀鳴、埋怨或讓他人有罪惡感，倒不如去體驗自我的力量，以及自我支持的能力。
- 個人對於週遭人事物的敏銳度增加，同時可以保護自我免於危險環境的傷害。
- 對於自己的行動與其結果負起責任是更大的覺察。

 **諮商師日常生活的自我覺察**（邱珍琬，2019，頁133）：

### 與原生家庭的關係

- 我與家人的關係如何？
- 我的家庭氣氛如何？
- 我的家庭有哪些價值觀或是規則？
- 我從父母親身上看見什麼？
- 我與手足間的關係如何？
- 我的原生家庭可有秘密？
- 我父母親的原生家庭又如何？

### 個人成長史

- 生命中重要他人是誰？對我的影響為何？
- 我的生命經驗中有哪些重要事件？我對這些事件的看法如何？
- 從性別角度來看自己的成長史，有沒有什麼特殊事件？
- 我對自身成長的文化與族群了解多少？我的文化對我的影響為何？

### 接案之後的省思

- 我對這個當事人有何看法？生命中是否也曾經有過類似經驗的人？
- 我覺得這個案子很棘手、還是很容易？我喜歡我的當事人嗎？這個當事人讓我想到什麼？

### 每日的生活省思

- 我今天過得如何？有沒有看到特別事件或人物？我今天的心情與狀況如何？

### 對於理論與實務的聯結

- 我是否閱讀或是聽聞最新近的專業論文或相關文章？參加了研討會或聚會有一些新的學習？我今天對於哪個觀念又有了新的體悟與認識？我發現哪個理論的哪一點可能有新的創發？我試用了一個新的技術，這個技術是我自己發想的。

### 閱讀或是影音資料

- 哪些訊息跟我之前的理解不同？哪些故事或資訊勾起我曾有過的經驗或傷痛？這些都經過處理了嗎？要不要繼續處理？

### 聊天或討論

- 我對於某些人的看法是否改觀？為什麼？今天又有哪些重要的提醒與領悟？感謝這些人在我生命中出現。

# 1-4　諮商師的準備：個案概念化能力

「個案概念化」（case conceptualization）是一個持續進行整合與解讀資訊的過程，其目的是要超越案例、摘要或事實之外，對當事人做更深入的了解（Okun & Suyemoto, 2013, p. 4），也就是從較廣、較高的視角，來審視問題與後續的處置動作。資料蒐集得越完整，諮商師對當事人的許多面向就掌握得更好，在做問題假設與擬定協助策略時更有效，也就是說個案概念化是一直持續的過程，隨著治療關係的進展、對當事人與資料了解更充分充足，諮商師對於協助當事人的方向與方式會做更適切地調整。一般的諮商師訓練課程中少了「個案概念化」，然而若干教師會將其納入在諮商理論、個別諮商或是助人歷程的課程中。許多準諮商師無法從所蒐集的當事人資料做初步假設，往往像在受訓之前的評斷一般無二，有點辜負了所學習的諮商理論訓練。

個案概念化的能力是從逐步蒐集到的當事人資訊中，慢慢形成假設（包括可能遭遇的問題或困境）、可能考慮的因素以及處置方式等，而這些假設及處理方式，也會隨著資料蒐集越完整而做修正或摒棄。諮商師所形成的假設與其核心理論有關，也就是依照自己相信的理論，對於問題會有不同的定義與看法，因此思考的處理方式就會有不同。舉簡單的例子來說，孩子打架可能是因為發展階段未成熟之故，無法以正確的語言表達出自己的想法與感受，因此就採用了最直接的行為，也可能是自己想要表達的（理想）與實際上的能力（現實）不符，中間產生了落差（人本學派），或許是解決問題（如交友）用了無效的方式（現實學派），或者是解讀錯誤、認為對方有惡意（認知行為）等，也可以看出理論觀點不同，對於問題的解釋就不同，換言之，接下來的處理方式就會有差異。基本上個案概念化就是：了解造成當事人問題的可能原因，以及針對當事人問題的有效處遇與計畫（Osborn, Dean, & Petruzzi, 2004, p. 122）。

個案概念化的功能就像指南針或地圖一樣引導諮商師：了解當事人所關切議題及問題始末、當事人本身對於問題的解讀或詮釋、處理問題的優先次序，以及可以採用的處理方式（Persons, 1989, cited in Sanders & Wills, 2005, p. 29）。學者（Hackney & Cormier, 2009）提醒諮商師：在蒐集當事人相關資料時，也要將當事人所處的社會文化環境考量在內。當然，個案概念化也包含初步診斷，需要觀察當事人是否出現一些心理病徵或危機情況，可能需要考慮哪些臨床上的診斷標準？或是需要身心科醫師的協助認定，也可能需要立即做適當處理（包括通報或就醫），以免憾事發生。

**小博士解說**

個案概念化的過程也就是諮商師如何解讀與分析自當事人身上所蒐集到的資訊，從理論中整合自己的觀察與假設（Zubernis & Snyder, 2016, p. 47）。

## 個案概念化需考慮的問題（Murdock, 1995）：

當事人呈現的問題是否符合心理疾患或非正常情況？

當事人呈現的主訴問題為何？　　　諮商師可以如何協助？

當事人該往何處去？　　　　　　　如何評估當事人情況好轉？

## 一般個案概念化需要收集的資訊（Corey, 2013, pp. 16-18）

**1** **個人基本背景資料**（如姓名、性別、年齡、外觀、種族、社經地位、婚姻狀態、信仰、轉介來源等）

**2** **目前呈現的問題**〔當事人的主訴問題為何、他/她想要尋求協助的立即性問題為何（包括問題本身為何？已經存在多久了？而當事人運用了哪些方式來處理？）〕

**3** **目前生活情況**（婚姻與歷史、家族資料、最近的搬遷情況、經濟情況、法律問題、基本生活、衝突、支持系統、人際關係等）

**4** **心理分析與評估**（當事人一般的心理狀態為何？成熟度如何？有沒有影響當事人生活的不利因素？情緒狀態如何？當事人對自我的看法如何？ 有沒有意願或能力準備好要改變？或是可使用一般標準化的心理測驗，如智力、人格、性向與興趣等）

**5** **心理社會發展史**（有關當事人呈現問題的發展與病因，包括可能的前置因素或個人因素、影響因素、可能有的附加利益及社會文化因素）

**6** **健康與醫療史**（當事人的醫療史為何？上一次看醫生是什麼時候？結果如何？最近有無創傷或是忽視所造成的一些明顯證據？當事人整體健康情況如何？有無服藥？服藥情況如何？在進行心理治療之前，很重要的是必須要去除掉有關生理上的病因）

**7** **工作適應情況**（當事人想從事的工作為何？對目前工作的滿意度如何？工作對當事人來說有什麼意義？有無未來計劃？目前工作的優勢與劣勢為何？如何安排休閒時間？其家人對其工作有何看法？）

**8** **危險性評估**（當事人對自己與他人有無危險性？有沒有想過自殺或傷害他人？有沒有自殺的計畫或傷害他人的計畫？如果有，自殺的工具為何？之前有無自殺的企圖和對他人有暴力的行為？）

**9** **目前人際關係**（當事人與伴侶、手足、父母、孩子、朋友、同事以及其他社會支持網路的關係如何？性功能以及對家庭的信念與價值觀如何？對關係的滿意度如何？當事人的主訴問題與他人有衝突嗎？當事人如何處理這些衝突？當事人可自他人身上得到哪些支持？）

**10** **當事人目標**（當事人想要在治療中完成什麼目標？如果目標達成之後，當事人的生活情況會有什麼不同？一年後，當事人個人的成長、關係、家庭以及工作情況會如何？）

**11** **摘要與個案形成**（簡述當事人主要的防衛機制、核心信念、當事人自我定義目前的問題、當事人的優勢與挑戰等所做成的評估。主要的建議為何？治療處置的焦點為何？還包括治療的次數與以及時間長度）

+知識補充站

　　個案概念化是在逐漸蒐集當事人的資料同時，形成對於當事人議題的假設且做適當修正，而個案概念化通常與諮商師所持的核心理論有關，因為就是諮商師定義問題與相關處置策略的最初方式。當然，接著就要審視這個理論是否符合當事人與其情況，若諮商師的核心理念不適當，就需要改弦更張、找出適合當事人的理論，這就是為當事人「客製化」的處置或介入。

# 1-5 諮商師的準備：每次晤談都要有諮商目標

目標可以引導晤談的方向，不至於在原地打轉，或是浪費當事人時間。每一次的諮商晤談都應該要有目標，即便是初次晤談，除了開始蒐集相關資料、也要有初設的目標。有些可能是當事人在初次晤談表上所勾選的，但是若目標不只一個，而晤談次數有限時，也要從中做一些判斷；或許是詢問當事人希望最先解決的為何？或是諮商師發現當事人有危機情況、需要先做處理，或者是從最簡單、容易處理的先下手。一般的當事人通常來訪是帶著一些目標而來，就如同大學學生諮商中心讓學生填具的表格中、可勾選許多選項（如人際、親密關係、家庭議題、情緒等），因此潛在的當事人可能勾選的項目超過一個；或者是一個目標（如人際）底下有幾個子目標（如家庭、親密關係、社交技巧、情緒控管等）。倘若晤談次數有限（如六次），可能就在晤談次數範圍內可以完成的目標來訂定，或者是以危機、迫切的先來，也可以是以最簡單的優先處理，不一而足，要靠諮商師與當事人共同商議決定。諮商目標若是當事人定立的、對當事人有意義的，目標也較易達成；當事人的目標或許較為長遠（比如說「要讓自己更快樂」），不妨將長遠目標拆成幾個較短期的目標（如「可以做一些較無壓力或紓壓的事或活動」）（Corey, 2019）。

許多學校機構是以轉介案例為多數，但是諮商師不要完全以轉介人的目標為目標，畢竟諮商師是較站在當事人立場，不應該只是執行轉介人（如父母或師長）的期待，若是這樣就容易以威權的角度出發，沒有讓當事人為自己發聲的機會，接下來的晤談也會困難重重！諮商目標是當事人與諮商師共同商議而成，除了細聽當事人迫切需要的為何？諮商師的了解與解讀又為何？一起擬定具體可達的目標，這樣才會有共同努力的方向。許多新手諮商師，即便與當事人晤談數次，仍找不到方向，或是在原地打轉、不能深入主題，可能就與無諮商目標有關。諮商目標不管大小，都可以引導晤談或諮商之進行，讓當事人與諮商師感覺都有進度。

每一次晤談，可能是從先前未竟的話題開始，也可以先摘要之前的內容、檢視當事人目前的情況，或是就上一次的家庭作業做討論，還可以請教當事人今天要談的為何。諮商師在上一次晤談後，可以記錄一下下一次可以談的主軸，或是有需要問的問題，甚至是處理方式等，這樣可以在有一些準備的情況下，在下一回次晤談前、先看一下之前的紀錄或提醒，就可以開始進行晤談，同時也給此次晤談一個目標。

**小博士解說**

有效能的諮商師會：經常做評估與測試、修正個案概念、必要時修正處置計畫（Zubernis & Snyder, 2016, p. 60）。

### 🪑 不同學派的諮商目標（整理自**Corey, 2019, pp. 32-33**）：

| 學派 | 諮商目標 |
|---|---|
| ★精神分析 | 讓無意識成為有意識，重塑當事人的性格與個性建構。 |
| ★阿德勒 | 增加社會興趣，能讓當事人更有勇氣去發現幸福、成就歸屬感。 |
| ★存在主義 | 挑戰當事人認為的自由、接受真正自由的同時，必須讓自己成為生命的作者。 |
| ★個人中心 | 提供信賴、安全的氛圍與治療關係，讓當事人做自我探索、覺察妨礙成長的因素。 |
| ★完形學派 | 增加覺察、拓展選項。 |
| ★行為治療 | 增加個人的選項、創造學習的空間。 |
| ★認知行為治療 | 從認出自動思考、介紹認知重建來改變想法。 |
| ★現實學派 | 找尋更佳、有效的方式來滿足自我需求（生存、愛與隸屬、力量、自由與樂趣）。 |
| ★敘事治療 | 體驗與提升自我力量、開啟新的可能性。 |
| ★焦點解決 | 建立自己的目標與想望、有自我決定的能力與做法。 |
| ★女性主義 | 平等、平衡依賴與自主、自我照顧、賦能、社會改變、重視與肯定多元。 |

### 🧠 諮商目標設定的考量：

▶ 目前所蒐集的當事人資料有哪些？     ▶ 有無晤談次數的限制

▶ 依據諮商師的核心理論如何定義問題？     ▶ 讓當事人陳述其故事

▶ 依據資料所做的暫時性假設     ▶ 轉介人與當事人的目標

▶ 當事人有無危急性或急迫性     ▶ 目標可否拆成較小／具體的目標

──( +知識補充站 )••••••••••••••••••••••••••••••••••••••

　　諮商目標雖然不一定很明確，但是諮商師在每一次晤談前、要先有一些準備，這樣至少晤談會有方向。諮商目標有長期與短期，隨著諮商過程的進展，短期目標可以慢慢達成，同時也更趨近長期目標。良好的諮商目標是可觀察且具體、可評估、隨時做修正，與當事人共同協商，同時要評估當事人的時間與能力（Hackney & Comier, 2009）。

# 1-6 諮商師的準備：諮商技術先用在自己身上

學習的諮商技術最好先用在自己身上，若是有效、才有可能應用在他人或當事人身上，這是不變的真理；再則，諮商是一種生活哲學，諮商師相信諮商專業、同時將其與自己生活結合並執行，這才是裡外如一、言行一致的諮商人。諮商師相信諮商、才會來學習諮商，倘若諮商師本身只將諮商視為工作的能力，卻沒有這樣的相信，當然也無法將所學應用在自己身上或生活當中，又要如何說服當事人？

許多受訓中的諮商師，往往認為諮商只是用在當事人身上，也在與同儕練習時，以諮商師或當事人的角色方式扮演，卻沒有想到諮商是一種生活方式，而將在課堂中所學習的先用在自己日常生活上，就是履行與學以致用最便捷、也可印證之道！試想，如果傾聽技術只用在聆聽當事人時使用，諮商師本身在生活上卻沒有傾聽，豈不是言行不一、無法一致？這就不是 Carl Rogers 所謂的治療師的「透明」，自然也無法說服當事人，更無法做當事人效仿的典範！如同我們說「好吃的東西要與好友分享」，諮商師認為有效的技術，當然也是先用在自己身上，有效之後、才敢用在當事人身上。

在學習助人之前，要先了解求助是怎麼一回事。美國的諮商師訓練通常是從接受諮商開始，要求諮商系所學生先做個別諮商／治療，先做當事人，了解當事人可能經歷的感受與想法，然後才學習做諮商師。這樣的訓練就是讓諮商師了解求助的感受與歷程，相信求助是一種能力（要不然怎麼會相信自己的助人專業？）。就如同諮商師做「行為改變計畫」，不是只是用來改變自己一些行為而已，而是能夠在計畫進行中，更清楚會遭遇到什麼困難？如何想辦法解決？如何堅持下去？諮商師學習同理當事人、更了解當事人的心境與困難，以及在諮商過程中當事人可能有的心理變化，就可以擔任更適任的專業助人者。許多的理念或是技術，總得要自己先試過或履行，才能清楚箇中滋味與過程，也可在諮商現場更同理當事人！

諮商師本身要相信求助是能力、助人專業的有效性，才會在這一行繼續發光發熱，倘若只是將諮商當作是維生的工具，就不會在專業與個人成長上繼續進修、努力，當然對當事人的福祉也無助益。諮商師本身也是人、也會遭遇到生活中的困挫或阻礙，需要求助他人，許多時候也需要連結資源，讓諮商更有效、更有助於當事人的情況；加上諮商師每日面對的都是生命中遭到瓶頸的當事人，積壓諸多壓力卻無法與他人說，個人諮商或治療可以稍減一些壓力或紓解，而在專業上也需要與督導的固定諮詢及討論（含同儕督導），這樣的成長會回應到與當事人的工作上。

> 🖥️ **學習諮商要用在自己身上的理由**（邱珍琬，**2018**，頁**7**）：

- 不要將諮商與「讀心術」畫成等號，諮商人要先學會觀察，並實際運用，會讓自己對此專業更具信心。
- 諮商是應用心理學（用來了解、解釋、預測與控制行為）的一門科學，還需要加上人性與藝術，也就是與個人生活密不可分。
- 諮商是協助處理「人間事」，諮商師生活在人世間，自然也會遭遇到一般人會碰觸的事件與挑戰。
- 諮商師對於自己與生活有更多體驗與反省，在協助當事人的過程中也會較真實、實際而有感。
- 諮商師將理論運用在自己生活上，真切體驗改變的過程與可能出現的困難或是解決之道，就更能有效協助當事人做改變。
- 諮商師在改變他人之前，要先體驗自己是否可以做改變，成功了才用在當事人身上，會更具說服力。
- 諮商師自己在運用這些理論與技巧過程中，會體會到自己的改變，甚至影響他人做改變，也因此更具信心。
- 學諮商會越學越快樂。

> 🤲 **有效能諮商師的特質**（Hackney & Cormier, 2009, p. 13）：

**一、自我覺察與了解**（對自我需求、感受、優劣勢與因應方式、助人動機的了解）

**二、心理健康**（相信助人專業，也願意去認識、了解自己，並做適當的自我整理）

**三、對自己及他人的族群或種族等文化議題敏銳且了解**

**四、開放的心胸**（願意接觸與接納不同）

**五、客觀**（處理自己的未竟事務，不將當事人的事務個人化）

**六、有能力**（專業、倫理與人際能力）

**七、可信賴**（可相信、負責任、可預測）

**八、具人際吸引力**（喜歡與人相處、有處理人際關係的技巧與能力）

**➕知識補充站** ••••••••••••••••••••••••••••••••••••••••••••••••

　　受訓諮商師最重要的是熱誠、願意助人的心，諮商理論與技術則是讓諮商師有方法依循、可以更有效達成助人之目標。核心理論通常可以解釋諮商師的生命經驗、符合其個性，諮商師在研習相關理論時就可以從不同理論的理念裡找出較適合、自己喜愛的部分，然後深入研讀。然而若要成為有效能的諮商師，還需要廣涉其他理論，因為處置方式是要按照當事人的情況量身打造，而不是單以諮商師所信仰的核心理論來做處置。

# 1-7　諮商師的準備：將諮商倫理守則與心理診斷手冊放在手邊，時時翻閱

自從諮商心理師法通過並施行之後，無論在諮商研究所或是業界，經常發現有實習生或諮商心理師諸多違反倫理原則或法律的行為出現，甚至因而搬上法庭，近年來不僅在諮商現場暴力、性平事件頻傳，督導涉及性騷或是研究生與實習生不適任，甚或機構本身不遵守專業倫理的情況，在在都影響著助人專業的社會形象與實務。雖然在課堂上學習有關法律或是倫理議題只是法條或規範，要與實務連結有些難度，但是這並不能成為諮商實習生或執業者的藉口，隨著臨床經驗累積，諮商師會遭遇更多需要倫理或法律判斷的情況，因此諮商師的直覺很重要，感覺不對或奇怪，最好就做諮詢動作或是找人討論，方可減少誤判或違反倫理法律的行為發生。有效能的諮商師遵守專業倫理（最低的道德），甚至對自己有更高的道德期許，不僅在專業上是如此、在生活中亦如是。熟習諮商倫理守則只是初步，還需要了解不同的解讀與適用條件，畢竟守則只是原則性的規範，無法像食譜一樣、在某個情況下有制式的解決方案，因此諮商師的判斷力與智慧很重要，而與督導固定討論，或有同儕督導的彼此監督，能讓自己在臨床實務上更具信心！發現同儕或同僚有可能違反專業倫理之行為，也需要警告提醒，必須要將當事人的福祉放在第一位。有些情況與權力或位階有關（如受督者與督導、學生與教師，或主管與下屬），只要違反倫理或法律，都應循相關步驟處理、請教或是諮詢諮商師公會，以維護及提升諮商師的社會聲望。

雖然診斷並非諮商心理師的業務或必備能力之一，但是諮商師還是需要做初步診斷，接著可能需要做轉介，或與專業的身心科醫師聯繫，以及緊密合作，方能真正協助當事人、做有效處置。因此諮商師訓練的課程裡還包括心理衛生、變態心理學、心理診斷與衡鑑等課程，其主要目的就是讓諮商師具備初步的診斷能力，以為後續的處置動作做準備；像是許多兒童的情緒問題會展現在行為上，一般師長可能會以為只是孩子的行為出現問題，卻不了解其可能根源與處理方式或異，以及有些危機徵象（像是出席率低、飲食或睡眠失常，甚至有暴力行為，或有自殺危險）可能被忽略，有心理診斷與衡鑑的訓練，至少可以嗅出或懷疑異常，而會有下一步的確認動作和處理，不會誤了先機！

因此，將相關的倫理守則／法律規條以及心理診斷手冊放在手邊、時時翻閱與複習，可以讓自己有更敏銳的覺察、且更能勝任實務工作！

**小博士解說**

諮商師在蒐集當事人的相關資料同時，還需要就自己的觀察、當事人就醫歷史或是出現的徵狀，做初步的診斷，以利下一步的處置動作（如是否就醫、聯絡家屬或與身心科醫師合作等）。

**診斷的好處**（Sharry, 2004, pp. 86-87）：

- 提供有益於了解的線索（像是出現甚麼徵狀）。

- 協助人們得到支持（「我不是裝的，是生病了。」）

- 協助減少責備、建立合作關係（「他生病了，我們看看要怎麼幫他？」）

- 診斷的標籤有時可協助重要他人看見當事人（或病人）的優點（如「生病了還這麼努力過生活！」）

- 可以讓病患或相關人接近許多相關知識（如憂鬱症的情況、如何做診療）。

- 可以協助家庭獲得資源（如智能障礙有個別教育計畫、資源教師介入、經費補助等）。

**診斷的可能壞處**（Sharry, 2004, pp. 87-88）：

- 標籤會強調病態、也貶損當事人（如「他瘋了！」）。

- 可能限制或助長了期待效應（如「他病了，不要要求他。」或「他生病了，自己要更積極讓病好起來！」）

- 可能是不可靠或不正確的（誤診）。

- 如果當事人是特殊的，標籤就有負面效果（如「他就是躁鬱症，才這麼不可理喻！」）。

- 對當事人來說，診斷不是他們選擇的，牽涉到專業倫理的問題（以這樣的「病」來對待當事人是否公平？或對他／她是否有好處？」）。

**基本的諮商專業倫理：**

不傷害，以當事人的權益福祉為最優先考量

保密原則與例外

雙／多重關係

諮商師的專業訓練與能力

＋知識補充站 ●●●●●●●●●●●●●●●●●●●●●●●●●●●●●●●●●●●●●●●●●●●●

諮商心理師與臨床心理師不同，前者較擅長晤談與催化，後者的訓練較著重在診斷與評估，但是彼此都需要對方專業的一些訓練或能力、相輔相成、分工合作，才能讓工作做得更好。

# 1-8 諮商師的準備：相信當事人是我們的老師

諮商基本上是相信當事人有解決問題的能力、只是暫時被「卡住」了而已，諮商師的功能在於協助當事人將卡住的地方鬆脫或袪除、恢復當事人的能力，重新以新的觀點、感受與行為面對和解決問題。諮商師不是「替」當事人解決問題，而是協助當事人對於面對的挑戰有不同的看法、感受與更有效的解決方式！

許多學習諮商者認為助人是一個超迷人、又有使命感的專業，卻忘了諮商也是一種生活哲學，是因為相信諮商、才願意從事助人的工作，然而我們卻發現許多諮商師想要助人，卻沒有思考諮商本身對於自身的意義與重要性在何處？倘若要求諮商學習者去做諮商、體驗一下受助者的經驗，甚至只是作自我整理的功夫，諸多學生不一定願意，原因無他，怕被汙名化而已！許多成熟的諮商師本身是長期、固定去做個別諮商的，畢竟這一行需要接受許多的負能量（當事人來談都不是快樂的議題），而有很多的自我經驗被勾起、擔心影響諮商效能，或者是專業上的瓶頸與擔心，是督導也不能緩解或理解的，個人治療就成為一條便捷之道；況且諮商師本身若相信諮商、當然也相信諮商的功能，而在正式擔任助人專業之前，也理應從當事人立場、體會作為求助者的一些擔心與假設，同時也可以親自私熟諮商師的不同風格與專業行為，等到換個位置，

擔任治療師時，就更能同理當事人的處境與感受，對於建立治療關係有極大助益，而觀摩有經驗助人者的風範，會更確定自己的生涯選擇，個人諮商風格也有前師可循！

諮商師是一個推手，協助當事人可以過更好的生活，而在真正助人之前，也將諮商視為自己的生活圭臬與價值，將諮商用在自己的日常生活中，不僅先有助於自己的生活、也讓周遭的人因此生活更滿意！

諮商師與當事人一樣，都是人類社會的一份子，也都會遭逢生活中的一些挑戰與困境，只是諮商師學會用「有效」的方式來解決問題，當事人也可以因為另一個人的不同觀點、看事情的方式，而有新的領悟與感受，接著有動力為自己更好的生活願景做出改善或改變！重視當事人的能力與解決問題的企圖，諮商師看待當事人的眼光與態度就不同，這樣才能夠在諮商過程中、成為彼此旅程的夥伴，甚至會珍惜這樣的邂逅與人際交會，帶著滿意的心情各奔前程！因此諮商師雖然是所謂的助人專業，但是也因為自己的工作可以遇見、知道不同的人與生命故事，豐富了自己的生命內涵、也更確定自己投身其中的意義，以這個觀點來看，當事人才是我們真正的老師，我們自然要心懷謙卑、好好學習！

### 🌱 當事人可以讓諮商師學習之處（不限於此）：

- 不同的生命經驗與觀點。
- 在面對問題時努力解決。
- 看見人性的不同面向。
- 想要過好生活的動機。
- 不願意因為困挫而失去希望。
- 願意活出自己想要的生活。

- 人為不同的目標與價值觀在做努力。
- 每個人都只能過一種生活，當事人的生活與生命豐富我們生命的內涵。
- 激發人性的善，願意為他人謀取更佳福祉。
- 讓我們更懂得感激與珍惜。

### 👐 個人治療的益處：

▶ 做自我整理，然後才能夠健康、正向地呈現在當事人面前。

▶ 自我議題獲得察覺與整理，有助於臨床工作之效能（較不容易有反移情出現）。

▶ 定期與治療師會面，對方也較清楚我們的工作、會給予理解及支持。

▶ 了解身為當事人的情緒與擔心，更能在工作上同理當事人。

▶ 諮商師個人的專業表現就在於自我了解越多、所展現的效能更佳。

▶ 諮商師需要在當事人面前展現健康、正向的楷模，當事人才會感覺有希望。

▶ 個人治療是自我照顧的途徑之一，諮商師需要自我照護，這也是展現了專業倫理。

▶ 諮商師接受個人或團體治療，也表示身體力行對諮商專業的相信。

### 🧠 諮商師可能的壓力徵狀（Kottler & Hazler, 1997, p. 194）：

- 滿足個人需求而非當事人的。
- 小看了自己所經歷的生命轉捩點或危機，這些可能讓我們在專業表現上分心。
- 忽視我們意識上的空洞（holes），讓我們不去承認我們生命有限、可能違反倫理或有不適當的行為危害他人。
- 藥物或酒精上癮影響我們的判斷力。
- 受到個人人格缺陷、可能的生理疾病或其他影響我們正常功能的因素所苦。
- 與當事人經歷同樣的心理問題（如憂鬱、焦慮等情緒問題）。

**＋知識補充站** ●●●●●●●●●●●●●●●●●●●●●●●●●●●●●●●●●●●●●●●●●●●

　　「反移情」（countertransference）是指諮商師將自身對重要他人的情感投射到當事人身上。在研究文獻裡，對於諮商師的自我議題常以「反移情」為主題。以往將反移情視為治療的阻礙，但是近幾十年來，反移情反而成為提醒治療師和更了解當事人的管道，治療界以更正向的方式來看反移情，同時也提點諮商師需要有敏銳的自我覺察，才會發現反移情的出現和功能。

# 1-9　諮商從專注與傾聽開始

諮商學習者最先要從「專注」與「傾聽」開始，要學會專注與傾聽就不容易。

## 一、學習專注

「專注」（attending / concentrating）可以說是諮商師的「在」或「臨在」（presence），也就是身心靈各方面都準備好、沒有其他的干擾或雜念，然後將舞台讓給當事人、全心貫注於當事人身上。專注需要耗神耗力，有時候又因為想問問題，腦袋裡就轉著這些問題，或者是還在思考當事人上一句話時，就漏掉了後面所說的，無法專注用心在當事人身上；有時候諮商師精神不佳、可能身體狀況也不好，所以容易走神，或者是上一個個案的問題還停留在腦海裡，因此沒有將全心意放在當下，這些都可能引發不夠專注。不專注可能會漏掉一些細節，或是誤解了當事人的意思，甚至讓當事人覺得自己不受重視與尊重，也可能會流失當事人、無法保住個案。

專注的同時，我們的身體與表情會表現出來，像是身體向前傾、想要更靠近當事人、聽得更清楚，表情會隨著當事人所說的有自然的情緒表現（如皺眉、笑、驚訝、難過），眼神與當事人對視，或在當事人臉上或肩頭附近停留，有時候還會有手勢、發出聲音（如嗯、啊）或短短的回應（如「好在」、「這樣子」等）。

初學專注會覺得難，因為我們會因為物理環境或聲音、腦中的想法，或是對當事人的觀感（如長相、外貌、聲音、體態、說話方式或用詞、穿著，或是轉介單上的介紹、當事人身分等）產生的刻板印象或感受而被影響。要先將物理環境的可能干擾降到最低（如放置「晤談中」的提示板在門外、不接電話）、自己的身心調養好（如健康、精氣神充足、不匆忙、心理無事罣礙）或準備好，接著面對當事人就可以較容易專注。

專注的內涵（Long, 1996, p. 202）包括了：生理上的警覺（準備好要接受溝通的過程），還有心理上與情緒上的選擇性注意。專注要耗費的心力很多，我們平日與人交談，時間一長、就會覺得疲累；若話題很有趣、一來一往很自在，或許較不容易感受到累乏。但是試想：諮商師是在聽當事人遇到瓶頸、困挫或傷痛的故事，乘載著許多壓力與情緒，聽起來會更累；往往五十分鐘或一小時晤談下來，就會覺得心力耗竭、能量沒了！一般成人的一次專注時間可能持續十五至二十分鐘（年幼者一次專注時間更短），然後就要休息一下（可能沉默幾秒、喝口水、換個姿勢、看看遠方、放空一下或小伸一下腰），才繼續專注下去，諮商師也不可能在晤談時間從頭到尾都專注、當事人也一樣，因此調整一下姿勢，或者做重述、簡短摘要、確認或釐清，也都可以提振一下精神、把專注找回來。

🤲 **專注傾聽所表現出來的動作：**

- 身體向前微傾——想要聽得更清楚。
- 臉部表情隨著當事人的敘述而有自然情緒流露。
- 眼睛會偶而注視著當事人眼睛、眼睛附近、臉部或是肩膀以上。
- 身體姿態表現輕鬆、自在——不會環抱雙臂或焦慮抖動。
- 會偶爾發出——些語氣詞（如嗯、啊、喔）或點頭、手部動作，給予當事人一些回應。

🧘 **基本專注技巧**（Ivey, Packard, & Ivey, 2006 / 2009, p. 3）：

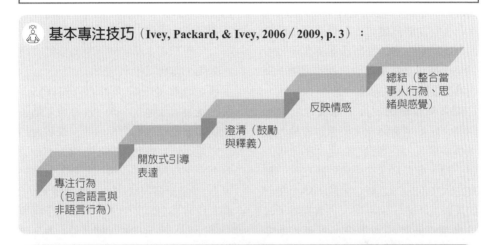

總結（整合當事人行為、思緒與感覺）

反映情感

澄清（鼓勵與釋義）

開放式引導表達

專注行為（包含語言與非語言行為）

🧠 **妨礙專注的可能因素：**

- 疲累
- 環境有干擾
- 心裡有事或煩惱
- 急於要表達自己的想法或感受
- 想要問問題
- 對當事人的既定印象不佳或受到吸引
- 反移情—可能生活中曾經遭遇過像當事人的人，有不好經驗
- 生活中有重大事件發生

**＋知識補充站** •••••••••••••••••••••••••••••••••••••••••••••••••••••••

　　練習專注很好的方式之一是正念的冥想（mindful meditation），可以讓自己較不執著於環境或心態上的干擾，而能較為專注。專注也會讓大腦運作更順暢，像是對於失智症者的訓練，有時候也是採用專注技巧（如投球、打地鼠）來減緩其症狀。

# 1-10 諮商從專注與傾聽開始：了解當事人 從傾聽開始

許多學習諮商的學生認為諮商應該是從「同理心」開始，事實上如果沒有「傾聽」這個基本功，接下來的許多諮商技術都可能無施展的空間！傾聽不是聽見而已，而是要極度專注，要將腦中所有的疑問或是思考，都暫時懸置在一旁、不受干擾，當然物理環境裡的可能干擾因素也要盡可能去除。

如果學會傾聽，接下來就會問對的問題。新手諮商師急於要蒐集資訊，或了解當事人，甚至擔心自己「不做事」就不對，所以常常在學會聆聽之前、總是問太多問題，這樣也可能表現了自己的焦躁或焦慮，而當事人也會認為「你／妳都不清楚我的事情／故事，就要追問細節，怎麼可能對症下藥？」傾聽的先決條件是專注，若沒有專注就不可能聆聽到重點。傾聽對諮商師而言，可能是蒐集資料的最直接管道，然而對當事人來說，是有機會將自己的故事說出來，同時展現了諮商師對當事人的興趣及關切，還有尊重與接納。傾聽的力量極大，許多當事人在被聽見了之後，會有自然情緒的表露（通常是哭泣），當事人發現自己在諮商師面前可以表現情緒，而不需要掩飾，之前許多的擔心與焦慮，就會緩解或消失，而在情緒之門（或心房）打開以後，治療才要開始！

專注傾聽的過程中，雖然是以當事人為主角，然而若當事人一直說話，而諮商師沒有反應，他／她也會覺得奇怪、無趣、不知道諮商師聽懂沒？所以諮商師會有一些回應／饋，不管是身體動作、表情姿態、發出聲音或說話／問問題，以及接下來會呈現的一些諮商技巧（如摘要、重述、澄清、立即性、挑戰等），都是讓當事人感受到諮商師在用心傾聽，與其同在。

專注傾聽是一般人較少有的經驗，特別是與重要他人之間，往往會忽略了傾聽的重要性。我們與最親密或親近的人，還不一定做到傾聽，有時候心裡又有既定印象或成見（如「又要開始批評了！」「總是講同樣的，不嫌煩嗎？」）或者是心裡在煩其他事（如等一下還要去銀行）、手上在忙（如煮菜）等，要好好聽，大概只有戀愛中或是真正有時間想聽的時候。

當事人需要被聽見，被聽見的同時就會感受到被尊重與接納。傾聽可以展現出諮商師對當事人的接納、尊重與認可；要別人聽見自己的想法或感受之前，需要先傾聽、滿足對方的需求之後，對方才會願意聽我們說話。專注傾聽表現了諮商師的在乎與尊重，若諮商師進一步還表達了自己的了解與同理，當事人最直接的反應就是情緒的自然流露，這也表示當事人的心房已經打開、治療可以起步了！

**專注傾聽的要素3V＋B**（Ivey & Ivey, 2008, p. 42）：

| Visual contact（眼神接觸） | Vocal qualities（聲音質量） | Verbal tracking（語言追蹤） | Body language（身體語言） |
|---|---|---|---|
| 看著當事人。 | 說話的方式、語調與頻率。 | 追蹤當事人所說的故事。 | 做自己，表現真誠、有興趣，專注姿勢，也運用鼓勵的手勢或語調。 |

**阻礙傾聽的因素**（邱珍琬，2017，頁50 & 52）：

- 不能忍受沉默
- 急著回應或問問題
- 急於自我揭露
- 沒有覺察或處理當事人的非語言訊息及脈絡
- 急著要協助當事人
- 急著評估或下診斷
- 念頭停留在自己身上

**諮商模式**（Welch & Gonzalez, 1999）：

**探索**
建立治療關係、釐清諮商目標（問題或徵狀）

**了解**
了解當事人受困擾的面向、當事人對問題的看法與先前之解決方式

**解決**
處置、改變

＋知識補充站 ••••••••••••••••••••••••••••••••••••••••••••••••

　　傾聽的力量很大，表現了對對方的尊重、接納、有興趣，因此若專心聽、對方會說更多！當然這裡所謂的「傾聽」、不是只有「聽」而已，還有其他的「配套」都要做足！

　　諮商師面對當事人，可能因為當事人的性別、社會規範、對當事人有先入為主的偏見或刻板印象、非語言因素（如表達能力或方式、情緒狀態），以及缺乏訓練而無法好好傾聽（邱珍琬，2022，頁 87-93）。

# 1-11 觀察是先備的重要能力

「觀察」是在培訓諮商師的過程中最需要優先強調的能力，觀察可以是蒐集資訊的管道之一，而且蒐羅的資料非常豐富，觀察也可以評估當事人在晤談中的焦慮或自在程度，以及當事人的進步，觀察還可以給諮商師許多線索，讓諮商師據以進行晤談或處置。

一般人都會察言觀色，而諮商師的敏銳度要更佳！撰寫「覺察週誌」是方式之一，要求自己將每週中一兩個特別引起注意的事件或是現象記錄下來，同時去思考：為什麼會特別記住這個事件？這件事與自己的關係為何？然後在期末另外寫一篇「總檢討」，回顧自己之前撰寫的週誌，發現有哪些主題？是否有重複？對自己的意義又是什麼？許多學生會看見自己需要處理或是重視的議題，有時候也因為這些覺察想要改善，而有了進步。撰寫覺察週誌可以讓準諮商師學習到觀察——打開自己的五官，去注意到平日認為繁瑣而無意義的事件或人物，看見事件對自己的影響（感受與思考），甚至加以改變（行動）；另外，也讓準諮商師可以提升自己組織想法與寫作能力。

覺察週誌只是培養觀察力的第一步，準諮商師因此學會了磨銳自己的觀察能力，去思考自己不曾有過的面向，接著就可以請準諮商師談談這些觀察背後所引發的想法與行動，準諮商師彼此在課堂上的交流互動就是很好的學習！覺察週誌可以協助我們注意到平日忽略或在意的人事物，也將五官打開去留意一些細枝末節，因此我們變得更敏銳覺察周遭的環境以及內心的感受，當然這些還不夠！

在當事人進入諮商室之前，諮商師都有機會觀察到當事人的一些情況，或許是在接待室內，或者從當事人來預約的第一通電話開始。在當事人進入諮商室時，諮商師會觀察到當事人是怎麼進入晤談室的？當事人的體型、動作，還有接下來的說話方式、語調、用詞等這些都是很好的觀察點，可以讓諮商師更了解當事人，甚至可以藉以開啟話題！年幼或是正值青少年時期的當事人，諮商師都可以從他們身上發現一些線索、開啟話題。在家族治療的時候，諮商師的觀察非常重要，不僅可以從進入順序知道家裡誰的權力最大（通常是領先進來的那一位）？還可以約略知道家裡的互動情況（如家長關係如何——是分開坐、坐一起，還是彼此會有自然的眼光交會？誰是和事佬或中介人——坐在家長中間，甚至較靠近哪一方？）。

即便是在諮商過程中，諮商師的觀察也持續，不僅可以看見／評估當事人的進步（如緊張的情緒放下來），與諮商師的距離拉近（如會與諮商師偶而眼神交會），或是有特殊情況（如遲到或坐立不安）發生。諮商師的觀察也是進一步探問與同理的契機。

## 觀察示例:

國三的阿忠個子不高、大概160公分左右,但是很結實。他進門時態度從容、還帶著微笑。在諮商師的邀請下,阿忠大喇喇地坐下之後,開始談到他今天碰到的倒楣事,先是被抓遲到,後來又因為在班上搞笑、被老師罰站,現在來到輔導室。諮商師說:「你似乎對於對這裡很熟悉?」

「是啊,我是這裡的常客。」

「所以今天來有何指教?」諮商師問。

阿忠突然坐正,有點不好意思地摸摸頭道:「沒有啦,我只是以前常常被叫到這裡來談話。」

「在這裡的談話對你有用嗎?」

「也不能說沒有用,只是老師就是把話又說一遍、要我改之類的。」

「聽起來你是你自己的專家、最懂你自己,所以別人怎麼說都不一定能夠影響你。」

「對!」阿忠眼睛一亮、很肯定。

「你對自己以後想要做什麼也有一點想法了?」

諮商師看見阿忠的自信(走進來的姿態、坐下來的模樣,以及與人對談的態度),雖然不一定是老師們期待的方向,但是至少是一個談話的開始。阿中沒有排斥諮商,但是似乎也將來輔導室當成處罰的一部分,諮商師讓阿忠主導談話的主題(也減少了諮商是處罰的部分)、賦權阿忠,但是也適當地切入了生涯的部分,畢竟這是目前最迫切的問題,也是轉介人希望諮商師可以協助的部分。

### 觀察練習:

★花一點時間觀察自己的日常生活與行為。

★留意自己與他人互動時的方式或習慣。

★花時間去觀察周遭的人事物。

★走路時看看周遭的景色或人物,猜猜他們的行為與想法。

★發呆時也可以關注一件物品或人物,仔細描述一下目標人或物的型態與動作,有無特殊之處?

★平日與人互動時,注意對方的肢體語言與說話方式,讓你想到什麼?

★與朋友就當下所看到的街景或是事件,做描繪與討論。

+知識補充站 ••••••••••••••••••••••••••••••••••••••••••••••••••••••••••••

定期撰寫「覺察週誌」,其實就是養成觀察力的很好方式,因為會對平日所忽略或視為理所當然的事物開始有敏銳覺察,進一步聯想到與自身的關係。許多學生在撰寫覺察週誌之後,發現生活中也多了許多樂趣,站在旁觀者的立場也會看到更多、思考更多!

# 1-12 諮商師的「在」──陪伴讓當事人不孤單

諮商師的「在」（presence）或「臨在」很重要，諮商師的「在」就是陪伴當事人，而諮商就是與當事人一起的旅程。諮商師的「在」展現在諮商師的傾聽態度與專心上、問對問題或適時提問，且在姿態肢體上表現出專注、興趣與同理。

諮商師的「在」，表現在給當事人時間與機會表達（不一定用語言的方式，或許是肢體動作、繪畫或音樂）或說出自己的故事，諮商師表現出對當事人的興趣，當事人自然願意繼續說下去；諮商師的「在」還表現在「表裡一致」、「前後一致」（或「透明度」）上。

諮商師若是焦慮、心不在焉，即便身體上似乎與當事人同在一個物理空間裡，卻不是真正的陪伴，也就是說諮商師要在身心各方面都與當事人同在。許多當事人都是因為在日常生活裡，沒有被真正聽見，或是因此而覺得被忽視、不重要，因此當諮商師願意挪出時間、全心意放在他／她身上，傾聽他／她的故事時，他／她就不覺得孤單、感覺安全，也願意卸下心防，開始漸漸敞開心胸，與諮商師對談。在許多時候，諮商師只要在當事人身邊、專心陪伴，其實也不需要多餘的處置動作，當事人自己會找到答案或解決之道，因為有個聽眾在前（諮商師），當事人可以暢所欲言，把自己的擔心或憂慮全盤托出，在當事人敘述的同時，他／她自己也會將事情的來龍去脈做一番整理（就好像大腦的功能一樣 會將我們白天發生的事物做統整或組織），解決之道自在其中，這就是當事人的「頓悟」！

這就如同我們一般在做重要決定之前，會與自己商量一樣。有些人會說出來（所謂的「自我對話」self-dialogue），這是一種很好的思考方式 畢竟，若只在自己的腦袋裡商議思考，還是很模糊，倘若可以直接說出來或寫出來，會讓自己的思路更清晰！在晤談過程中，諮商師就是一個聽話與對話的對象（或是鏡子），諮商師不僅會聽、還會有反應，或許還可以提供另一種思考的視框或觀點！

諮商師在陪伴的同時，也滿足了當事人的需求──畢竟人都是孤單的，需要被理解與認可、也需要被聽見，況且諮商師有時候也可以用回饋技巧、協助當事人整理自己的思緒，讓當事人可以更有條理地看見自己與事情／人之間的關係。

諮商師只要專心陪伴，其實就很耗費心力，但是諮商師的全神貫注，會讓當事人覺得自己很重要、說的事情有人在意，感覺有人「與我同在」，而且在不被批判的安全氛圍下，當事人可以更暢所欲言、也更了解自己！

---

**小博士解說**

諮商師的「在」還有陪伴的功效，專注與傾聽是表現諮商師的「在」最重要的方式。當然，若諮商師「人在心不在」，當事人也會發現，除了有受挫、不受尊重的感受，也可能對諮商師漸漸失去信賴。

## 📖 陪伴示例：

### 示例一：

　　陳志是剛進來的高一學生，學校第一次月考之後，他對自己的成績十分不滿意，於是約時間與輔導老師談話。他花了一節課的時間罵學校，說這樣的爛學校怎麼會是第一志願？出的考題很爛、老師也爛，同學都不知道為什麼要進來這裡念書？輔導老師什麼話也沒有多說，只是鼓勵他繼續說下去，偶爾同理一下他的情緒。上課鐘響了，陳志就起身要告退，老師問道：「這樣就行了？」陳志不好意思地摸摸頭、向老師一鞠躬：「老師不好意思，我自己沒有好好準備，來這裡發牢騷。謝謝你聽我說話。」

### 示例二：

　　楊小姐因為剛與男友分手，心裡很不平，明明是自己「屈就」，對方竟然先提和她分手！她來找諮商師談，原本非常氣憤，後來將與男友（諮商師還糾正了一下「前男友」）的相識過程，以及兩人之間的差異說出來，竟然鬆了一口氣：「我現在才知道自己怕孤單，所以即使知道對方不適合自己、竟然還是接受了。不是我不好，而是彼此不適合！」她謝謝諮商師，諮商師笑道：「是妳自己幫了自己！」

### 示例三：

　　小楊一進門就忍不住哭泣，諮商師除了請她坐下、沒有做其他動作，只是好好在一旁傾聽。小楊有一次還突然道歉說「對不起」，諮商師回應：「沒有什麼對不起的，妳可以在這裡好好發洩一下。」小楊要告辭之前說：「我的壓力太大了，哭一下好多了、也清醒了。」諮商師於是跟她約下一次晤談時間。

## 「臨在」練習：

★將手邊事情放下，而不要手上忙著卻說「我在聽」。
★將心理上的一些顧慮或是猜測暫時懸置。
★面對著對方，以輕鬆、準備好的姿態坐下。
★在聽對方說話時，臉部表情自然展現、不必刻意誇大或掩飾。
★即便對方有時候停頓或思考，也不要急著插話或打破沉默，等候、也給對方時間。

### ➕ 知識補充站

　　Corey（2019, p. 27）提到：諮商師的療癒力是在與當事人真誠對話過程的結果。在日常生活中，很難得與人之間有真誠平等的對話，連與親密家人或伴侶也會因為顧及關係、避免擔心或自己的尊嚴，而無法真誠互動。

# 第二章
# 諮商過程技巧

# 2-1 初次晤談：初次晤談是建立關係與蒐集資料的開始

　　許多諮商師藉由「初次晤談」（intake）來開始建立治療關係，同時蒐集當事人的相關資訊，有些還會採用表格的方式，希望能夠將資料蒐集得鉅細靡遺；只是資料蒐集通常是持續的進行式，不太可能在一次晤談時就可以蒐羅完善，而且隨著晤談的進展，諮商師對於當事人會更了解，同時也對於有關當事人的相關背景脈絡更清楚，這些都有助於諮商師對於當事人問題的假設（或修正假設），以及相應的處置計畫之擬定。當然，有些當事人是先打電來預約，在電話中可能就會提供一些為何要來談、主題為何、期待是甚麼等資訊。

　　既然對於當事人的資訊不可能一次蒐集完成，因此放慢腳步是可以的、不要太心急，況且我們也需要讓當事人對自己的議題與故事發聲，做適當的探問，對於治療關係的建立十分重要！

　　有些機構有制式的表格做初次晤談的指引，固然有制式表格的引領，可以讓資料蒐集較完整、不容易疏漏，但是也可能忽略了讓當事人表達自己想法與諮商目標的機會，因此即便有必要了解的資訊，也要看當事人的情況做適當、彈性地調整或更動，不需要以完成初次晤談表格為唯一目標。儘管許多準諮商師在受訓過程中都被提醒初次晤談的重要性，因為是建立治療關係與蒐集資料很重要的一步，然而請記得：關係建立與資料蒐集都是持續性的，從初次通話或見面開始就一直在進行。即便是蒐集資料，也要視當事人情況而定（Martin, 2000），像是當事人當下情緒激動、最好先做安撫，或是有自戕動作、也要先處理。也因此，不必太急於一時，有時候太急著將初次晤談表完成，反而忽略了與當事人建立關係、了解當事人故事的機會，畢竟初次晤談表所列出的是事實或表面的資料，但是當事人更需要被知道的是自己的故事。

　　一般主動求助（自願前來）的當事人來談，會比較清楚自己此行之目的，所以可能不需要諮商師的探問，當事人就會直接了當說出自己的期待，也會配合諮商師的步調，因此諮商師要「進入正題」的時間自然會縮短許多，然而對於不清楚自己為何要出現在輔導室或諮商室的人來說，諮商師需要努力的地方就多了！

　　初次晤談最好的下手處，就是從當事人帶來的材料（material）開始，特別是在面對轉介過來的當事人時。在學校或矯治機構，諮商師會面對的絕大多數是轉介/非自願個案，這些當事人大多不認為自己有問題，自然對來見諮商師或輔導老師、會有較強的抗拒，加上轉介單上通常都只會臚列當事人的「罪狀」，或是轉介人的期待，此時諮商師更需要站在不同的立場（往往是較偏向當事人的立場），企圖了解事情的全貌。

### 初次晤談（表）內容（不限於此）：

- 姓名、性別、年齡、住址、電話等基本資料
- 轉介單位或姓名
- 主訴問題（可勾選，如家庭 / 親子、親密關係、同儕、人際、課業、壓力、生涯、生命意義、其他請敘述等）、持續多久、影響程度、造成結果、當事人試圖解決的方式與結果、當事人對諮商的期待
- 目前生活功能 / 狀況（如與誰同住、居住與工作狀況、生活習慣等）
- 個人生活史（如婚姻狀況、子女、重大生命事件、個人生心理發展等）
- 健康史（含醫療診斷與時間、特殊疾病與使用藥物）
- 家族圖 / 家人關係
- 之前求助歷史與處置（包含當事人對治療效果的感受）
- 量表或測驗結果
- 緊急聯人 / 電話 / 關係

### 初次晤談容易犯下的錯誤（Kottler & Brew, 2003, pp. 114-123）：

- 擔心、害怕當事人不出現。
- 諮商過程中想太多而忘了傾聽。
- 未能與當事人連結，只顧著蒐集資料。
- 太具批判性、未將自己定位好（如「爸媽都是為你好！」）
- 嘗試做太多、想為當事人解決問題。
- 忽略了可以提供的協助（如當事人有立即危機或創傷）。
- 未能蒐集到相關資料（諮商師的焦點不在於了解當事人，而造成誤判或延誤處置）。
- 因為自己沒注意到的重要事項而懊悔、不安（如未蒐集到重要資訊或處理不恰當）。
- 忘了去找自己是怎麼做到的（缺乏反省與覺察）。
- 誤判或誤診而延誤治療。
- 太急著想為當事人解決問題或拯救當事人（沒有看見與尊重當事人的能力）。
- 擔心自己太喜歡或不喜歡當事人（可能會有月暈效應或界限問題）。
- 只將注意力放在當事人的徵狀上（可能徵狀只是表象）。

+ 知識補充站 ••••••••••••••••••••••••••••••••••••••••••••••••••••••••••••

　　儘管許多機構或學校所設計的「初次晤談表」（intake form）是鉅細靡遺，因為以它為據、可以用來將當事人派給有專長的諮商師（所謂的「派案」），也是許多諮商師賴以了解當事人最重要的依據。資料來源除了當事人自己提供之外，有些未成年或是身心障礙者之重要他人（如師長、主要照顧人），也都是資料蒐集對象。

# 2-2 初次晤談：晤談是從當事人帶來的材料開始

倘若無特定的初次晤談表，晤談最好是從當事人帶來的「材料」開始，從觀察當事人的身形、動作或姿態，以及當事人說話的方式，與諮商師互動的情況，這些都可以提供諮商師開啟晤談，或許多有價值的線索，像是當事人的精神或情緒狀態、可能會做的體能活動或運動，與人互動的模式等。接下來就是聽聽當事人這一方的故事，讓他／她有機會為自己發聲，也讓諮商師有機會了解事件的全貌，這是尊重當事人的作法，當事人也在被傾聽、被接納的前提下，願意敞開心胸、流露自然情緒（通常是哭泣），這才開啟了治療之門！

固然從初次晤談或是當事人打第一通電話預約開始，諮商師就開始蒐集資料／與當事人建立關係，但是蒐集資料是長久的工作、不是一次初次晤談就可以完成，事實上，持續的晤談都是蒐集資料的過程。說到從當事人帶來的材料開始，主要是指從第一次接觸，諮商師觀察當事人的行為舉止、精神、態度、身體狀況，或是從當事人所談論的內容找尋線索、開啟晤談。注意不要「哪壺不開提哪壺」（直接提轉介單上的「罪狀」），這樣很可能讓當事人閉嘴，但是可以詢問「你／妳為什麼在這裡？」至少讓當事人有機會說出自己的故事，而不是受到主流文化的宰制（大人

說了算）。有時候當事人會誠實地說出為何來晤談的原因（如國小被轉介來的當事人），但是許多時候，當事人也不知情，或是回答「不知道」，諮商師不必心急，也不要批判當事人，可以詢問：「如果你知道呢？」或「你可以猜猜看嗎？」

如果當事人很直白地說出理由（如「老師／我媽叫我來的。」）接下來就可以問當事人：「你知道為什麼嗎？」或是「你知道老師／媽媽讓你來這裡的原因嗎？」倘若當事人還是不知道，諮商師／輔導老師或許可以請教當事人猜猜來這裡的理由，或者只是很中性地道：「老師／媽媽對於你最近的一些情況有點擔心，所以想要我來了解一下。」畢竟諮商通常不是一次性的協助，因此不必急於在短短一次晤談中解決問題，或是了解有關當事人的一切事務。

如果第一次晤談是從當事人帶來的材料開始，諮商師與當事人之間就可以從較為安全（當事人沒有感受到威脅），甚至輕鬆的起點開始！諮商師的第一次晤談，往往希望讓當事人留下好的經驗與印象，這樣就可能讓下一次的晤談成為可能！畢竟，當事人在第一次的諮商經驗是正向、舒服，甚至喜愛的，接下來諮商師若是再度邀請，當事人就不容易拒絕！

**小博士解說**

從當事人帶來的材料開始（也包含諮商師的初步觀察資料，通常是很正面的資訊），聊聊當事人今天過得如何、喜歡做的事或活動，這些安全的話題基本上不會讓人討厭，若當事人是因為某事件而被轉介來此，就讓他／她有機會說出自己的故事，這也展現了公平，當事人會有不同的經驗與認識。

## 「從當事人帶來的材料開始」示例一：

諮商師：「你為什麼來這裡？」

「老師叫我來的。」

「你知道老師叫你來的原因？」

「打架。」學生的聲音低低地。

「誰打贏了？」諮商師問，學生眼睛一亮！

「當然是我！」學生很自豪地說。

「可是你打贏了，卻要來這裡見我？」
學生低頭不說話。

「告訴我，你們怎麼會打起來的？」

「他罵我、我很氣，就打他。」

「他罵對了嗎？」諮商師接著問。

「當然罵錯了！」學生很不服氣。

「罵錯了是他錯，你為什麼生氣？」諮商師
說。

學生有困惑的表情。

「他罵你什麼？」諮商師問

「他說我是笨蛋！」

「你是笨蛋嗎？」諮商師反問。

「不是！」

「所以，他就是罵錯了？」

「對！」

「他罵錯了、是他不對，你不需要生氣。」
學生有恍然大悟的表情，笑了！

「想想看，他為什麼要故意罵你？」

「要我生氣。」

「所以，你打他、就表示你生氣了？」

「對。」

「然後他就去報告老師，你被處罰了，然後
你就來這裡了？」

「是。」

「下一次不要對號入座。」諮商師說。

「什麼對號入座？」

「就是不要上他的當　知道他就是要你生
氣，所以你知道以後就不會上他的當！」

「就不會打他。」學生說。

「對！」

「記得了？」諮商師問。

學生猛點頭。

「你現在可以回到教室去了。在回去之前，
我要告訴你幾件事。首先，謝謝你來這裡，
把你的故事告訴我，讓我更了解你。你是一
位勇敢認錯、知道自己下一次會怎麼做得更
好的聰明同學，而且我跟你談得很愉快。如
果有機會，下一次找你來這裡可以嗎？」

「好，不過不要電腦課，是我最喜歡的
課。」

「下一次我會注意，謝謝你提醒我。」諮商
師起身送學生出門。

### 🖥 「從當事人帶來的材料開始」示例二：

小學三年級的小翔，一進門就開始在地板上打滾。諮商師很有興味地看著他的動作，時不時還給予建議，讓他滾得更好！幾分鐘之後，小翔就坐好，諮商師坐到小翔對面：

「你很會打滾，在家也是這樣嗎？」

「我家沒有地板。」

「所以你一看到輔導室有地板，就決定滾滾看？」

「對。」

「感覺怎樣？」

「硬硬的。」

「所以如果地板軟一點會更好？」

「也不能太軟，會滾不起來、滾很慢。」

「所以你喜歡滾快一點？」

「對！」

「打滾要滾得好，需要注意什麼？」

「地板要剛剛好、要大一點。」

「軟硬剛好、還要寬一點。」諮商師補充。

「對。」

「也不能受傷。」

「這個很重要！」諮商師附議。

「兩隻手要注意、不要卡住。」

「以免影響滾的速度或受傷。」

「就這樣！」小翔雙手一攤、表示說完了。

「謝謝你告訴我滾的祕訣。那麼，在學校什麼時候也需要注意到不能受傷這些呢？」

「玩遊戲的時候。」

「在學校有像硬硬的地板那樣，讓你不舒服的時候嗎？」

「老師罵我、還有同學不跟我玩的時候。」

「那的確讓你不舒服，有時候很難過是不是？」

小翔點頭。

### 🖥 「從當事人帶來的材料開始」示例三：

當事人：「我要去搶銀行。」

諮商師：「搶多少？」

當事人想了一下、偏著頭：「大概兩千萬美金。」

諮商師：「可是警方會通緝。」

當事人：「我不會逃到國外去？」

諮商師：「也對，不過現在還有國際刑警、有國際合作。」

當事人：「我就躲到澳大利亞內陸。」

諮商師：「哇！在袋鼠很多的地方。你要如何維生？」

當事人：「我不會打獵嗎？」

諮商師：「對呀，那邊也沒有7-11。但是你搶那麼多錢，怎麼花啊？」

當事人沉默一下子，然後說：「我不要跟妳說了，我要進教室。」

這位當事人最後順利完成檢定考試，從高中畢業。

# MEMO

# 2-3 初次晤談：留住潛在的當事人

對於轉介個案，因為非自動來談，他／她不清楚自己來諮商的目的，甚至會認為被誤解或汙名化（自己「有問題」才被轉介來諮商／輔導）或處罰，因此不合作、抗拒的成分居多，諮商師若認為當事人需要（繼續）協助，但是卻不容易留住他／她，那麼可以如何作為？

在學校裡，可能因為全校輔導教師只有一位或若干位，需要負責全校的輔導與諮商業務，通常不太可能與同一位當事人晤談次數過多；或者是學校基於資源分配與公平性的考量（如大專院校），需要限制一下每人每學期的諮商次數（如六次）。因此，如何在有限制的條件下，讓諮商效益發揮到最大，就是諮商師／輔導教師的重要思考。此外，有些諮商師／輔導教師評估需要協助的當事人，卻只是出現一次或是不出現，該怎麼辦？諮商師在第一次（或許是唯一一次）與當事人接觸／晤談時，可以怎麼做？來取得當事人的合作或繼續晤談的機會就很關鍵。再則，當事人通常會以「老鼠會」的型態擴張或縮限諮商師業務或效果，也彰顯第一次晤談的重要性。

該如何留住潛在的當事人？許多沒有諮商經驗的當事人，幾乎都會出席第一次晤談，因為基於人類的好奇心，想要知道諮商師在做甚麼？因此諮商師或輔導老師就可以善用這一次的機會，讓潛在當事人更清楚諮商的效益，甚至感受這一次美好的經驗，下一回他／她就會願意前來。

諮商師的態度自然是關鍵，再則，可以藉此機會釐清一下當事人對諮商的可能迷思（如說明諮商師與當事人在晤談時的工作），甚至從認識當事人開始（也就是從當事人帶來的材料開始）！

由於諸多當事人是轉介來的非自願個案，因此諮商師可以用「給轉介老師／家長交代」的說法，通常當事人是願意幫忙與合作的，畢竟「可以一次解決就一次解決，不需要再來第二次」！基於當事人「怕麻煩」的心態，因此諮商師可以好好利用這段時間。即便只是留個兩三分鐘，對當事人來說是可以忍受的時間，所以諮商師可以請教當事人知道自己為何來此？或是讓當事人說說有關自己的事情（如喜歡什麼課？如果這一堂恰巧是當事人喜歡的課程，最好放他／她回去上課，這也是尊重當事人的作法），讓諮商師有機會更認識他／她。偶而當事人抗拒較強，不說話、也不作為，那麼也不必強留他／她，反而要感謝他／她願意來這裡一趟，也可以告訴他／她這幾分鐘與他／她接觸的感受，或是對他／她的印象，甚至是另約時間與他／她談，這樣也就不會損及治療關係或違逆了當事人的自主性。在與當事人道別時，記得就今日的觀察與發現，直接告訴當事人他／她的強勢或優點（要有佐證事實），讓他／她對於這次短暫的相會留有良好印象，下一回請他／她再來就不是難事。

### 🔲 留住當事人示例一：

張老師接到一個轉介個案，是三年級的小志。小志如約前來，在輔導室門口喊了「報告」，張老師請他進來、坐下，然後指著茶几上的水與小點心說：「請用。」小志沒有伸手拿食物的動作，張老師笑笑說：「沒關係，你想吃就自己拿。」接著張老師問小志是否知道自己為什麼來的原因，小志低頭說：「我踢同學。」

「同學有沒有受傷？」

小志搖頭。

老師問道：「你自己呢？有沒有受傷？」

小志抬頭看了張老師一眼：「沒有。」

「那就好！」張老師放心道：「要不要說說怎麼會踢他的？」

小志說：「他很討厭，每一次都弄我。」

「他怎麼弄你？」

「就是我走過去，他會擋在我前面不讓我過。」

「還有呢？」

「有時候把我的作業不給我、丟來丟去。」

「讓你覺得很煩、很討厭、很生氣！」

小志點頭、眼裡有淚。

「你都怎麼做？」

「我叫他還我、還有叫他借過。」

「他聽了嗎？」張老師問。

小志搖頭、也哭出來了、張老師把茶几上的面紙盒推過去，小志就拿了一張面紙擦拭眼淚，但是眼淚還是一直流。

「沒有關係，我在。要是我，我也會生氣、也會氣得哭！」

「他為什麼要這樣？」

「有些人搗蛋很過分！」

張老師在與小志談十分鐘之後，讓小志回去上他喜歡的電腦課，送小志到門口：「謝謝小志今天來，讓我更了解你的情況。我知道你是一個友善的人，想要跟很多人做朋友，但是有些人就是會找別人的麻煩，你也用自己的方法來解決，我認為很棒！下一次我會找電腦課以外的時間請你來談談，我們一起來看看有沒有更好處理的方法好不好？」

### 🔲 留住當事人示例二：

小莉站在輔導室門口不願意進去，輔導老師徐老師於是走到門口。

「妳不想進來是不是？」老師問。

小莉點頭。

「沒關係，我們可以在這裡講講就好。」徐老師說：「妳知道自己為什麼來這裡嗎？」

「老師叫我來。」

「為什麼？」

小莉搖頭：「我可以回去了嗎？」

「妳這一堂是什麼課？」

「數學。」

「喜歡嗎？」

「還可以。我可以回去了嗎？」

「因為蔡老師可能會問我今天跟妳談了嗎？所以可不可以聊一下、兩分鐘就可以。」

「好。」

「要不要進來坐？這裡有水、還有一些餅乾。」

小莉搖頭：「這裡就好。」

「謝謝妳今天來。老師請妳來妳就過來，妳是一個很守信用的孩子，妳來這裡還先喊報告，很有禮貌，我很高興今天可以認識妳。下一次可不可以再請妳來這裡，讓我更了解妳？」

小莉說「好」，徐老師就與她道別。

# 2-4　初次晤談：個管案件的處理

諮商基本上是當事人需要伸出手，我們才能接住，當然現在許多諮商師也做外展（reach-out）服務，包括主動去找當事人，而不是被動等當事人前來。許多大專院校有所謂的個案管理師（case manager 或簡稱「個管師」），其職責除了負責派案給適當的諮商師之外，可能還需要監控一些危機個案（如曠課太多、有不良生活習慣、交友複雜、自傷自殺危險或心理疾患等）。所謂的「個管案」，通常是無法讓他／她前來晤談或持續晤談的個案，諮商師無法與之接觸或固定連繫，更增加其危險性，往往都是出事了，諮商師才有機會插手，這也是許多個管諮商師頭痛之處！然而是不是就沒有辦法了？其實諮商師還是可以藉由其他多元管道（如外展到府服務、電子郵件或信件、陪同就醫、到其課堂上觀察等），甚至與其重要他人保持聯繫，監控個管案的情況，而不是自己獨力為之，要不然真的負擔太重。

個管案件基本上是不會固定出現在諮商室裡，有時候是缺課過多、不常到校，甚至還聯繫不到、連家人也不知其蹤。在學校裡面的個案，較多為危機個案，這又增添了許多困難與未知的變數，許多危機個管案會在失蹤或死亡之後才被發現，讓負責的個管師覺得很挫敗或遺憾。

有些當事人需要就醫治療，但是當事人沒有病識感，或是不願意就醫，這時就需要家人協助其強迫就醫。基本上，當事人若是在學學生，還是需要家長或監護人同意陪同就醫，要不然很容易違法，或惹得當事人或其家屬提告，引發不必要的麻煩，這也是許多在校師長不願意涉入太深的理由，但是究竟是當事人的生命重要？還是怕麻煩惹禍上身而不作為？也是可以思考的問題。有些學校相關人士不懂得法律議題，常常逼迫諮商師或個案管理師承擔強迫就醫或陪同的責任，萬一出事，又一副事不關己地推卸責任，很讓助人專業者為難！

個案管理師究竟要做到甚麼程度，才不違職責？最好先將該機構處理危機事宜的流程弄清楚，或是請教資深同事及督導，同時也要熟悉處理流程，與相關單位做適當溝通與演練，此外，也不要忘記將駐地或機構地區的可用資源做熟悉與連結，必要時請教法律相關人員。在與個管當事人聯繫時，也要連結其重要他人、同學、朋友或師長，必要時商議各自可以負責協助的部分，並將每一次與當事人的聯繫或溝通（含電話、電子郵件或 line）時間與內容做摘要紀錄，以備不時之需，同時保護當事人與自己（如萬一有究責或訴訟發生）。

**小博士解說**

個案管理師負責的業務，像是派案給適當專長的諮商師、處理與追蹤危機／轉介卻無法固定晤談的潛在個案，甚至是臨時個案（walk-in service）與相關行政。

**可能的個管案例（以大學為例）：**

| | |
|---|---|
| ▎缺曠課太多 | ▎有犯罪事實或紀錄者 |
| ▎被診斷有情緒、人格等心理疾患者 | ▎違反校規或紀律者 |
| ▎教師或家長轉介者 | ▎自行求助卻無端消失者 |

## 個管案例

小芳從國中開始就有情緒上的問題。雖然高中之後，經過診斷為憂鬱症，但是小芳認為服藥或諮商對她的病情沒有幫助，因此服藥也是間歇性質，甚至會很長一段時間不去回診。單親母親蔡媽媽自己要工作維生、又要擔心掛慮小芳的病情，常常也忙得無法好好吃飯、睡覺。小芳上大學之後離家外宿，母親也無法勸服她通勤，只是蔡媽媽在收到學校寄出小芳第一學期的成績單之後，蔡媽才警覺女兒的情況似乎比之前更糟，因為課業不及格的多，而且曠課時數過多、幾乎到要被退學的程度！校方不是沒有協助小芳，只是小芳出席率低，班上同學也極少見到她，導師其實也很努力要與小芳聯繫、溝通，但是也只見過小芳一次，之後怎麼聯繫小芳都無回應，導師只好將小芳轉介給學校學生諮商中心。個管師萬諮商師在接到小芳的轉介後，積極與小芳聯繫，但是小芳只出現過一次，還是諮商師多次邀請，甚至是祭出可能退學的警告之後。

小芳表現得很消極，也不太想講自己的事。諮商師做過初步的危機診斷，發現小芳有自殺意念，而且也有過自殺企圖，還請學校的駐校身心科醫師確認，學校因此而啟動危機處理機制，希望可以讓小芳的情況穩定下來。小芳在大一下試圖燒炭自殺，被同住的室友發現報警、挽回一命，大一下暑假又有一次差點吊死，學校在聯絡不到蔡媽媽的情況下，逕自將其送醫治療，卻惹來小芳的抱怨與申訴，搞得很多人覺得自己無事生非！

諮商師請蔡媽媽就近協助小芳，於是蔡媽媽就辭掉工作、來與小芳同住，順便照顧其起居，但是小芳卻嫌母親囉嗦、管許多不該管的，後來也把蔡媽媽氣走。個管師常與蔡媽媽聯繫，也關心她的生活與情緒，蔡媽媽說自己太累了，這樣的折騰何時能了？結果在小芳大二的寒假期間，有一天蔡媽媽來電給萬個管師，說小芳自殺成功，她也剛替女兒辦完喪禮，只是自己突然覺得好輕鬆、但是又覺得有罪惡感，萬諮商師聽蔡媽媽說完、安慰道：「這是正常的、畢竟妳已經努力了這麼多年、也很累了，感覺小芳好像都不見好轉，她不願意伸出手，自己怎麼用力都無效，好像力氣用盡了、也沒有希望，現在她走了，像是一個石頭放下來，但是妳身為母親，認為自己不應該有這樣的感覺，所以有罪惡感，這是可以理解的。」

---

**＋知識補充站** ●●●●●●●●●●●●●●●●●●●●●●●●●●●●●●●●●●●●●●●●●●●●●●●●●

處理危機個案絕不是負責該當事人的諮商師需要獨攬其責，而是整個團隊（包括輔導處室同仁、導師、身心科醫師、家長、校方相關行政單位人員與教師）的工作，但是若諮商師或輔導老師處理不當，讓當事人在晤談後立即有自殺或自傷動作，就需要好好反省、善加處理，以免違反專業倫理或法律。

# 2-5 隱約鼓勵（minimal encouragers）或激發（prompts）

隱約（或細微）鼓勵的主要目的是讓當事人繼續說她／他的故事，或說得更詳盡一些（Ivey et al., 2006／2009, p. 57），同時也表達了諮商師的專注、知道當事人所說的、提供非侵入性（noninvasive）的支持、監控對話的過程（Hills, 2020, p. 117）。畢竟當事人也怕自說自話或獨白，因此諮商師若不想打斷當事人說話，卻又沒有其他話可說的時候，不妨就使用隱約的鼓勵，包括：點頭、眼神鼓勵、嗯、哦、好、這樣、繼續（說）、了解等，至少做這些反應，會讓當事人覺得與他／她同在或「我在聽」，而有繼續說下去的動力。隱約鼓勵通常是在專注傾聽時就會自然出現的反應，其實不必刻意去練習，當然也有人不習慣有這些反應，就可以稍做練習。非語言的隱約鼓勵是指身體上的動作或姿勢，像是身體稍微向前傾、表現對當事人／所說的興趣，適當的眼神接觸、開放的姿態，語言的隱約鼓勵、沉默或是重述關鍵字，摘要或釋義（Ivey et al., 2006/2009, pp. 57-59），也都是可以運用的方式。

鼓勵也可以讓當事人針對一個主題做更深入的說明或探討，然而若使用時機不當或不正確，可能會讓當事人一直說卻無重點，或是偏離主題（Brems, 2001, p. 156）。基本上有四種鼓勵的方式（Brems, 2001, p. 156）：非語言的鼓勵（如點頭、身體向前傾、驚訝的表情）、簡單重述當事人所說的字詞或句子、半語言（semiverbal）的鼓勵（結合非語言訊息〔如點頭〕，加上聲音的表達〔如啊、喔〕等），以及用簡單句子、要求當事人說出更多資訊（如「然後呢？」「還有…」）。

「激發」是諮商師透過強調或發問方式，協助當事人進一步陳述故事或說更多細節（Henderson & Thompson, 2011/2015, p. 3-13），其目的與隱約鼓勵同。激發雖然只是短短的問句，卻可以讓當事人多說一些，或繼續說下去，可以提供諮商師更多的資訊，當然也包括當事人的經驗、感受、想法與行動。若是諮商師專心聆聽，激發的動作就很容易在與當事人的對話中出現，不過要提醒諮商師：不要因為要窺探當事人隱私，而刻意做激發的動作；激發可以用非語言（像是身體或眼睛動作、手勢、點頭等）及語言（如當然、是啊、哇、喔、好等）的方式進行，是很自然的表現（Egan & Reese, 2019, p. 161）。

每位諮商師的個性與諮商型態不同，也可能會吸引不同的族群，當然也沒有對或錯。像是有些諮商師較為沉默、會放手讓當事人說，有些諮商師則是表現積極、會主動提問或是同理當事人。當事人也有不同的個性，因此只要當事人與諮商師是「速配」（match）的、就有利於治療的進行。隱約鼓勵或激發是一般人在仔細傾聽時可能都會做的動作，當然，諮商師的表現，要讓當事人覺得是專注、有反應的最重要。

## 隱約鼓勵示例：

**1**

當事人：「我不知道自己這樣做對不對，反正很多的方法都用過了，效果不怎麼樣，也許試試看有效也不一定。」

諮商師點頭、看著當事人眼睛。

**2**

當事人：「當時我也不清楚自己該做什麼。」

諮商師：「於是……」

當事人：「於是我就大叫一聲，連自己都嚇到了，結果他居然跑了！」

### 隱約鼓勵的使用時機與方式：

| 使用時機 | 使用方式 |
|---|---|
| • 晤談中的自然表現 | • 點頭、微笑 |
| • 用來肯定當事人的敘述 | • 隨著當事人敘述表現的自然表情 |
| • 用來鼓勵當事人繼續陳述 | • 嗯、啊、哇、什麼、這樣子、然後等口頭反應 |

## 激發示例：

**1**

當事人：「我覺得很糟。」

諮商師：「很糟？可不可以多說一點？」

**2**

當事人：「情況變得不可控制，我不知道該怎麼做？」

諮商師：「可以說得詳細一點嗎，是怎樣的不可控制？」

### 傾聽的忌諱有（Egan & Reese, 2019, pp. 125-128）：

| | |
|---|---|
| • 戴著有色眼光聽（心中已有定見） | • 專注事實而非針對當事人 |
| • 評斷式地聽（對當事人所說的有對錯真假之批判） | • 同情地聽 |
| | • 認為非語言訊息不重要 |
| • 帶有刻板印象地聽（對當事人之文化、性別、族群等背景有偏見） | • 打斷或插話 |

**＋知識補充站** ••••••••••••••••••••••••••••••••••••••••••••••••••

　　一般人在說話時，有聽眾是很重要的，因為在說話的同時，對方的「在」與「聽」就表示了尊重、在乎、「你很重要」，而聽者的適時反應，可以讓說者更有興趣繼續說下去，隱約鼓勵其用意就在此！

## 2-6 覆述／簡述（restatement）與釋義（paraphrase）

諮商師為表示自己在聽，會使用**覆述**（或重述／簡述）技巧，將當事人所說的重點做摘述。覆述就是將當事人所說的重新扼要敘述一次，用當事人說過的話（像是「你覺得不爽，是因為對方與老師都誤會你。」）說出來就是覆述，然而，若諮商師使用自己的語言再做一次敘述（釋義），可以展現出諮商師的理解、抓到重點，還與當事人同在。覆述與釋義很相似，都是重述當事人所說的內容，只是前者是使用當事人所用的詞句，而後者是使用諮商師自己的語言。

覆述讓諮商師可以回饋給當事人知道別人是怎麼聽到他／她所說的，可以讓當事人思考他／她真正的想法，同時讓當事人可以更全面地釐清、探索問題，或是之前沒有想過的，諮商師在諮商過程中是主動的角色、試圖了解當事人的經驗並回饋給當事人（Hill, 2020, pp. 132-133）。一般人在對話時，不太會覆述他人的話，所以有些諮商師會覺得覆述笨拙或古怪，初學諮商者較不知變通、往往在覆述時讓人感覺公式化，或是諮商師擔心犯錯、抓錯重點而不敢做覆述，或是認為只是覆述、好像沒能為當事人做些什麼（Hill, 2020, p. 137）。因此，在覆述的時候，不要套用一樣的公式；一些諮商所學生會採用課堂上所學的方式（如「你說的是……」、「讓我把你剛剛說的再確認一次」），但是如果總是以這樣的方式開頭或做覆述，表現得像工具人，而當事人也會覺得一

成不變、沒有新意，因此需要研發更多不同的說法。也切記：不要像「鸚鵡學話」那樣、只是模仿當事人說的；也不要使用太多覆述，會讓當事人覺得無聊、諮商師很虛假，或有嘲弄當事人的意味；或讓當事人認為諮商師無能、很煩、無目標、不夠用心（Culley, 1991, p. 42; Hill & O'Brien, 1999, p. 104）。因此，覆述最好以不同的說法來做，其一就是使用諮商師自己的語言（謂之「釋義」），可以表示諮商師所聽到的重點，也可以釐清當事人的意思，以免自己聽錯或意會錯誤。「**釋義**」是諮商師試圖告訴當事人，他／她方才所說的內容，使用的是諮商師自己的話，會聚焦在某個重點上，也就是說會從諮商師自己的觀點來對當事人所說的做回饋，也可以是諮商師對當事人所說的做一些釐清與挑戰（Brems, 2001, p. 161）。

覆述與釋義的主要目的是：表達了諮商師追蹤與專注於當事人所說的（表示「我聽到了」）；諮商師也藉此檢視與釐清是否真正了解當事人企圖表達的；可點出當事人所敘述的重點（是當事人所重視的，讓人感覺困惑的，使其更具體化或是釐清之用）（Brems, 2001, pp. 158-159）。使用釋義較之簡單覆述的優勢是：不會像鸚鵡那樣模仿，也可以指出當事人所說的重點，同時增進、釐清、強調或清楚當事人所表達的（Brems, 2001, p. 161）。

**覆述示例：**

 1　當事人：「我很不爽她說的，覺得她很不尊重人！」　諮商師：「她不尊重妳。」

 2　當事人：「你想想看，誰會對一個陌生人這麼壞？我還是她女兒呢！」　諮商師：「你覺得自己沒有被母親善待，有許多不解與委屈，也有受傷的感覺。」

**釋義示例：**

 1　當事人：「反正情況都已經這樣了，再壞也壞不到哪裡去。」　諮商師：「情況已經在谷底了、不會更壞了。」

 2　當事人：「我覺得何必呢？都是自己家人，有必要把關係搞得這麼糟嗎？」　諮商師：「以和為貴當然最好，只是不是自己這一邊說了算！」

---

**💬 使用覆述的時機**（Brems, 2001, pp. 159-160）：

- 在當事人思考快速而諮商師想介入時，可以讓當事人稍稍慢下來或冷靜一些。
- 覆述也可用來鼓勵當事人繼續說下去，但是覆述通常較之鼓勵用句短一些。
- 覆述是抓住當事人所說的重點，且使用當事人所使用的詞句。
- 覆述常使用的開頭是：「你說的是……？」「你告訴我的……是？」

**✍ 使用釋義的時機**（Brems, 2001, p. 159）：

諮商師想釐清重點。

諮商師想要強調當事人所說的什麼。

諮商師想要弄清楚或澄清某個主題或形式。

諮商師想要檢視自己是否理解某個議題。

諮商師想要強調某件重要的事。

諮商師隨時想要探索更多，或更細節的情況時。

---

**+知識補充站**

「釋義」是說明當事人所說的觀點與感受（如「你慌了手腳、不知所措！」），「解釋」則是諮商師以自己的立場或經驗、解讀當事人所說的。

# 2-7 情緒反映（reflection of feelings）

「情緒反映」是同理心能力很重要的一環，只是清楚或了解當事人的情緒或可能想法是不夠的，還需要將其表達出來，讓當事人知道，這才是「同理心」（稍後會提到）。「情感反映」顧名思義就是將當事人經歷的可能情緒表達出來，讓他／她知道，因為在一般與人的對話中，經常著重在內容，而不是情緒上，然而我們卻往往先接收到對方的情緒（如對方表達的方式或展現的情緒），或受到自身情緒的影響，讓溝通產生許多的阻礙或誤解。也因為我們對於情緒的反映訓練不足，因此我們對於情緒的字眼或使用的細膩度就會有所欠缺，較難將當事人的情緒真確地反映出來，讓他／她知道。

針對當事人所說的可能情緒做反映時，也是試圖檢視／核對是否是這樣？通常人的情緒表現會在身體（如顫抖、僵硬）、動作（如緊握雙手、拍打），或表情（如臉紅漲、睜大眼睛或咬唇）上，這些都可以透露給諮商師、當事人當下或敘述事情時的情緒，然而還有更深一層的情緒反映─也就是當事人沒有說出來，或不敢說出來，甚至是未覺察的，諮商師也可以將它們表達出來─這就需要諮商師能夠進入當事人的內在架構、站在當事人立場或處境、體驗他／

她的經驗，方可做到。表面上看到的情緒只是第一層（初級情緒反映），隱藏在語言或是身體之下的情緒（深度情緒反映），有時候才是最貼近、重要的，因此若能夠將當事人可能的所有情緒表達出來，讓當事人聽見，當事人感受到深深被了解時，會有較為激動的情緒反應（如哭泣），這其實也表示當事人不需要繼續防衛或壓抑自己、鬆懈下來了，接著才會願意聽聽諮商師的想法或意見。當然，將當事人可能的情緒表達出來的另一個功能是：檢視諮商師所反映的是否正確？

情緒反映看似簡單，但是諮商師需要了解不同層次或深度的情緒語彙，或是運用比喻的方式，這樣更能夠完整表達出當事人真正或深藏的情緒，而在當事人的情緒被明確理解之後，他／她就會有自然情緒的流露，當事人會覺得被了解、接納，而在自然情緒流露的同時，也表示他／她開始信任諮商師、治療就可以開始了！情緒不只是情緒，而有其底下所欲代表的意義。情感反映的最大障礙是同理不足，也就是較難站在當事人的立場（或參考架構）去體驗，因此就不容易發現細微而真確的情緒，或者是使用的情緒語彙不足、無法貼切地形容並傳達給當事人知道。

**小博士解說**

情緒反映要簡潔、清楚、有意義而正確（Brems, 2001, p. 166），如同釋義一樣，不需要太長，而且以諮商師自己的用語來表達即可。

**情緒反映示例：**

**1**　 當事人：「你知道她怎麼說嗎？說我老是囉嗦、重複一樣的事，她聽了都快瘋了！有女兒這樣對母親說話嗎？」　諮商師：「妳提醒孩子一些重要的事情，但是她卻沒有感激，反而認為妳囉嗦，甚至說快崩潰了，讓妳備感氣憤、難過與失望！」

**2**　 當事人：「我很難形容那種感覺，很悶、不舒服。」　諮商師：「好像是被大石頭壓住、感覺快要窒息了！」

**深度情緒反映示例：**

**1**　 當事人：「你知道她怎麼說嗎？說我老是囉嗦、重複一樣的事，她聽了都快瘋了！有女兒這樣對母親說話嗎？」　諮商師：「作為一個單親母親，妳很努力想要身兼二職，知道教養孩子不容易，所以很擔心她犯錯，也很努力提醒，但是女兒卻不買帳，認為妳囉嗦、講太多，妳有受傷、被誤解、覺得親職難為、生氣還有失望、不知如何是好的感受。」

**2**　 當事人：「我沒有關係，反正被忽視已經不是第一次，我爸都看不到我。」　諮商師：「你很希望受到父親的認可，只是從以前到現在，自己再怎麼努力表現、父親好像都看不到。父親眼中沒有你的感覺是很痛的！」

---

**✦ Rogers提出的「三個核心條件」（core conditions）：**

| 「無條件積極關注」（unconditional positive regard） | 「同理心」（empathy） | 「真誠一致」（genuineness or congruence） |
|---|---|---|

- 三者都具有療癒性，也就是指治療師展現出這三個態度與作為，就會讓當事人感受到療癒。

---

**＋知識補充站** •••••••••••••••••••••••••••••••••••••••••••••••••

在諮商師教育中，情緒反映的訓練很重要，但是學生卻常陷於無適當情緒語彙可使用的情況，因此提醒準諮商師：多去蒐羅情緒字眼，並加以練習，假以時日就有成果出現。

# 2-8 同理心（empathy）

也有人將前項的「情緒反映」視爲「同理心」，就是將情緒與訊息（意義）同時回饋給當事人，讓當事人知道，只是我們一般還是會先將「情感反映」放在同理心之前，爲的就是要先訓練如何將當事人之情緒作回饋，接著才同時顧及訊息或意義的反應。同理心就是站在當事人立場去感受、思考，儘量貼近當事人，甚至將當事人隱藏未說的感受或想法說出來。有學者將「反映」定義爲：重述當事人所說的內容同時，也試圖回饋給當事人陳述底下可能的情緒與意義（Brems, 2001, p. 158），換句話說，就是結合了情緒與陳述內容的反映。事實上的確如此，因爲單只是反映情緒還不足，也會將所聽到的內容回饋給當事人。一般在諮商師培訓過程中，可能將情感反映與意義反映分開練習，但事實上在應用時兩者合一、不可切割！「感同身受」不是同理心，還要將它表達出來讓當事人聽到！

「反映」結合了語言與非語言的溝通，可以讓當事人更廣且深入地探索自我，或引發更多的經驗，其目的有（Brems, 2001, p. 165）：協助當事人感受到深深地被了解，加深治療關係，鼓勵當事人有更自由的情緒表達，開始協助當事人管理情緒，將隱藏的內容或意義表象化，以及揭露隱藏的信息。換言之，反映可以表達出諮商師感受到當事人可能隱藏的情緒與涵義，也可能是當事人沒有覺察到的。

Rogers 認爲正確的同理了解之重要性是因爲：可以協助當事人認出、釐清事情脈絡之後，以象徵方式或語言表達出他們經驗的細微之處，再則是可以讓當事人感受到被正確地了解，在接納自己的情緒時不會感到孤單，而是與另一個人類更有連結（Tudor & Worrall, 2006, p. 206）。

有人將同理心分爲「初層次同理」與「深度同理」，簡言之，前者就是諮商師將所觀察到的（如手緊握可能表示焦慮或憤怒，臉部猙獰或痛苦等）、當事人所說出來的情緒（如生氣、討厭、難受）反映給當事人知道；後者則是進入當事人的主觀世界，好像自己就是當事人、經歷同樣情境的可能情緒爲何，將這些情緒表達出來讓當事人聽見，同時將事件脈絡與訊息說出。因爲若是不能夠站在當事人立場去思考與感受，所表達出來的可能只是表面上的情緒、未能深入精髓或內心深處，當事人「被了解」的程度就不夠多。或者當事人外表呈現的是憤怒，但事實上的眞正感受可能還有委屈、羞愧、難過、被背叛，這些隱藏在底下的眞實情緒若被觸碰到與理解，力量是很大的，當事人感覺到被眞正充分了解，而且還會有驚詫「你怎麼會知道！」的感受。

練習同理心技巧時，很容易說太多、太長，畢竟要將情緒與想法都同時回饋給當事人，還是有些難度，因此在一般練習同理心之時，會先訓練學生說出「大意」（摘要當事人方才所說的內容），接著訓練「情感反映」（所見到或聽到的），最後將兩者結合。

**同理心三步驟：**

| A | B | C |
|---|---|---|
| 扼要事實陳述 | 情感反映 | 同理心（A＋B＝C） |

案例舉隅

**A 扼要事實陳述**
當事人說：「我那天莫名其妙被老師處罰，其實也不是我的錯，我只是經過而已，老師就以為是我把同學的作業弄到地上。」

**B 情感反映**
當事人說話很大聲、還比手畫腳，表情有點難過與生氣。

**C 同理心（A＋B＝C）**
諮商師說：「你說自己被老師誤會、<u>莫名其妙</u>受到懲罰，你很<u>生氣</u>、<u>難過</u>、覺得自己很<u>無辜</u>，但是對方是老師，又不能對他怎樣（<u>無奈</u>）。」

## 同理心示例：

 **1**

當事人：「我很氣，可是不知道要怎麼回應。」

諮商師：「妳覺得自己受屈辱，很不滿、又很生氣！可是對方是妳的長官，妳很擔心若直接做反應，可能會對自己更不利。」

**2**

當事人：「我想讓我們的關係有轉機，畢竟兩個人已經在一起這麼久，不是說放就放的，只是我努力了一段時間，我覺得沒有用。」

諮商師：「你很珍惜兩人長久的關係，滿懷希望、努力想要有所改變，可是經過一段時間的用心用力，好像沒有得到預想的回應，覺得自己只是單方面在努力，覺得很辛苦、很受傷，自己好像是熱臉去貼冷屁股，也懷疑值不值得繼續做下去，讓關係有所不同？」

 **同理心的功能**（Rogers, 1975, cited in Corey, 2000/2004, p. 340）：

- 諮商師用來敏銳與正確了解當事人內心世界的重要關鍵。
- 協助當事人自我探索（因為被了解而願意向內看自己，與他人分享自己的內心世界）。
- 肯定當事人經驗。
- 當事人因而減少疏離感，有被關照與重視的感覺。

**＋知識補充站** •••••••••••••••••••••••••••••••••••••••••••••••••

　　七項同理心技巧：釋義（反映語意內容）、反映想法、反映情緒、反映需求、檢視覺知（檢視同理是否正確）、肯定與確認，以及摘要與追蹤（Chen & Giblin, 2018）。

# 2-9 探問（probes）/怎麼問問題（一）

　　探問的目的是要更清楚、更深入或更全面地了解當事人的感受與想法，儘量參與治療對話，協助非自願當事人說出自己的故事和處理問題，並發展機會，協助當事人注意到自己故事中的經驗、感受與行為，開放新的討論範圍，探索與釐清故事、感受、觀點、決定與行為，協助當事人的陳述或目標具體化，讓當事人聚焦在相關的重要議題上，以及協助當事人進入更有效益的協助過程等（Egan & Reese, 2019, p. 177）。探問需要以同理方式為之，而不是直愣愣地發問而已，探問可以是非語言或語言的，一般較常使用陳述（如：「我不確定你／妳方才說的…。」）、要求（如：「告訴我你／妳在想甚麼？」）或問題來進行探問（Egan & Reese, 2019, p. 162）。

　　問題可以用來蒐集資料、了解當事人，形成對問題的定義與假設，釐清可能的困惑，了解當事人觀點或與人互動模式，找尋當事人的優勢或資源，了解當事人的成長背景或重要他人，當事人的信念或文化影響等（Chen & Giblin, 2018, pp. 78-79）。**問問題**是最簡單而直接蒐集資料的方式，然而也因此，諮商師很容易陷入問問題的陷阱。諮商師會提問，只是該怎麼提問，可以得到當事人更多的回應？一般的問題可以分為

「開放式」與「封閉式」，「開放式」就是沒有固定選項或答案的問題，可以讓當事人做出更多回應，而「封閉式」的問題則是有限的選項（如第一第二、是或否）。諮商師的提問一般都會留許多空間給當事人做回應，但是開放式問題也往往像是亂槍打鳥、不一定會有標準答案，甚至當事人會回應說「不知道」，對於資料的蒐集可能就較無著力之處（但是要切記　蒐集資料不是只有探問一途，還有觀察、遊戲、語句完成、測驗等不一而足）；對於年紀較小的當事人，封閉式提問在某些情況下可能較適當。此外，在檢視或評估危機情況時，封閉式問題有其必要性，也就是可以在短時間內得到答案，並據以評估危險程度，做下一步的處置。

　　諮商師很容易陷入問過多問題的情況，或是問了一連串的問題，讓當事人無所適從，或認為自己被質詢拷問，因此，問該問的問題或問對問題就很重要！另外，也不要問一些很奇怪的問題，像是重複的問題（如「你說說看，今天自己的心情怎樣？就是你今天感受如何？」有時候諮商師會擔心自己問的問題，當事人可能不理解，於是就多問了幾次，當事人可能會被搞糊塗，或是認為諮商師視其為愚蠢。

💬 **問問題示例（封閉式）問句：**

當事人：「我最近一直不能好好睡覺，因為我很害怕睡了之後會做惡夢，可是白天就沒有精神、常常打瞌睡。」

諮商師：「這種情況維持多久了？」

當事人：「一兩個禮拜了吧。」

「除了睡眠的困擾，其他的生活作息呢？有沒有受到影響？像是去學校上課、參加的活動或社團？」

「有時候是清晨才睡著、就不想起來，可以請假就請假。」

「出席率如何？大概是十分之幾？」

「五有吧，有些課沒去過。」當事人說。

「吃的方面呢？按時吃飯嗎？」

「有也是隨便吃，有時候室友會替我帶，但是不一定吃得下。」

………

💬 **問問題示例（開放式）問句：**

諮商師：「你提到與家人之間的關係，這些讓你的感受如何？」

當事人：「很辛苦、很困惑，覺得家人之間應該很親密、無話不談，但是我卻沒有這樣的感覺。」

諮商師：「所以，除了難過、辛苦、納悶之外，還有遺憾？」

當事人：「差不多，但是要怎麼辦呢？好像沒有人想要讓它變得不一樣。」

諮商師：「你自己試過什麼？或者是嘗試做過什麼？」

當事人：「像是我會買名產回去，因為我在外地讀書嘛！但是好像也沒有人會特別說什麼，我媽只是告訴我『不要浪費錢』。」

諮商師：「所以你是有期待的。可不可能在家裡的溝通方式通常不會太明顯，或少用說的？」

當事人：「對呀，就是這樣！所以我覺得沒有溫度、想要改變一下。」

諮商師：「至少媽媽說話了，雖然有點打擊到你的善意，但至少有進度。還試過其他方式嗎？」

………

**+知識補充站** ●●●●●●●●●●●●●●●●●●●●●●●●●●●●●●●●●●●●●●●●●●●●●●●●●●●●●

　　開放性問題可以是鼓勵當事人探索（如「你今天想要從哪裡開始？」）探索對於諮商的期待（如「你會希望諮商後有甚麼改變？」）探索不同部分的問題（如「這個經驗對你的影響是甚麼？」）將問題變成要求探討的方式（如「可以說多一點你對這件事的想法嗎？」）鼓勵澄清或聚焦（如「你指的是？」）鼓勵想法與情緒的探索（如「你當時想說『感受』是什麼？」）及要求舉例（如「你擔心說錯話，在哪些場合會如此？」）等型態（Hill & O'Brien, 1999, pp. 111-112）。

# 2-10 探問（probes）／怎麼問問題（二）

當然，也不要用太長的句子問問題，當事人的成長階段或認知程度尚在發展中，或許一時之間不理解諮商師問的內涵，自然就無法做回應；還有，不要問一些連續否定的問題（如「你不知道這樣做是不好的嗎？」），容易混淆當事人的理解。再則，有些諮商師會忘記當事人的發展階段，而使用了太艱深的字詞如對國小四年級的小朋友說「要適可而止，不要一直玩手機。」當事人可能礙於自尊的問題，不想顯示出自己不懂，當然也有較直白的、就會說「不知道」。

另外，在一個句子中，不要問太多的問題，倘若諮商師問了太多的問題，當事人覺得被轟炸、無從回答起，也可能讓當事人覺得自己被烤問、就不樂意回答問題。此外，諮商師自身或請當事人舉例說明，也可以避免問題太抽象或令人困惑。

使用閉鎖性問題，通常是在診斷或危機時需要確切的答案時使用，或偶而澄清之用，當然也可以臚列出幾個選項讓當事人選擇（像是當事人較不清楚自己的感受為何時），而開放式問題可以讓當事人自由回應、較不受限制，也可以說得較多、較深入。開放性問題在當事人無目的地漫談時特別有用，也可在當事人困惑時協助其釐清想法，讓當事人可以去思考新的觀點／事物，釐清衝突的念頭，或對於較不善於言詞的當事人提供架構或聚焦之用（Hill, 2020, p.

139）：使用開放性問題時要記得：一次只聚焦在問題的一個部分，將焦點放在當事人身上，讓當事人專注於目前的思維上（即便是對過往的事也是如此），也儘量避免問「為什麼」（因為可能會讓當事人以為諮商師在評價或貶低他／她），或重複問一樣的問題（Hill, 2020, pp. 141-143）。

雖然說專心傾聽就會問適當的問題，而考慮到自己問問題的動機與意圖就可以（Brems, 2001, p. 145），但是有些諮商師不敢深入問問題，或未循當事人陳述的脈絡（follow-up），或是怕打斷當事人的陳述或思緒，這些也都需要臨床經驗的磨練，同時也不要怕問錯問題，因為都是學習的一個過程。適時與適當的提問，可以讓探討更深入；很孔急的問題當然要趕快問（如危機情況），不然過了時間就可能會失誤或無法做最好處理，其他則是經驗累積就可以慢慢學會。

問問題也與諮商師的性格有關，有些諮商師對當事人很好奇、會不斷提問，到底是滿足了諮商師本身的好奇心？還是想要更了解當事人？就是諮商師需要去反思的問題。也有諮商師會錯失問問題的時機，讓諮商進度停滯不前，這中間可能因為諮商師害怕提問、怕問錯問題，或是不知問什麼。

不同問法的目的（Brems, 2001, p. 145）：

| 什麼 | 引出事實與特殊細節 |
| 如何 | 對某一情境引出過程或順序、情緒 |
| 為什麼 | 找出原因，但可能導致當事人智性化、合理化或有防衛 |
| 何時 | 引出在不同時間架構的細節 |
| 哪裡 | 引出對地點的特殊細節 |
| 誰 | 引出對相關人物的特殊細節 |

開放性問題的使用時機（Hills, 2020, p. 139）：

當事人不知要說什麼或很困惑時給予方向

當事人說很多且一直重複內容時

引導當事人去思考新事物

協助當事人釐清故事或是矛盾處

引導當事人聚焦在問題的特殊面向上

**＋知識補充站**

　　問問題或探問（probe）是蒐集資訊很直接的方式，但是諮商師可以藉由多元管道來蒐集資料，像是從當事人的重要他人那裡獲取的資訊、觀察、量表測驗、未完成語句、表達性藝術等等。

　　問問題本身就有控制的意味要注意，謹慎使用並釐清陳述，多使用開放性問題，避免一系列的問題或堆疊問題，避免使用「為什麼」和指控的問題或引導性的問題（Chen & Giblin, 2018, pp. 80-82）。

# 2-11 定義問題（defining the problem）

當事人、轉介人與諮商師對於問題的定義可能不同，而對於問題的定義與諮商目標是有關的，那麼應該以誰的定義為主呢？還是諮商師會有不同的看法？諮商需要將討論主軸放在與主訴問題相關的內容上，聚焦在當事人求助的議題（Henderson & Thompson, 2011/2015, p. 3-14），對於自願求助的當事人，詢問主訴問題自然是最便捷、有效之道，但是轉介個案或許有不同。諮商師手上拿著的可能是轉介單，或是當事人主動求助的資料，許多轉介單上都會詳列當事人的「罪狀」，或是師長的期待，不一定是當事人想要的目標或是真正問題所在；有時候當事人自己來求助，卻在資料上填具許多項目需要解決，倘若諮商師要決定晤談次數，或是機構（如學校）為了資源分配公平而有次數限制（如六次）就需要更明確定義問題，畢竟諮商師面對的是當事人而非轉介人，因此不妨請當事人敘述來談的可能目標或是他／她認為自己被轉介過來的理由，聽聽當事人怎麼看問題、定義問題，這些都會與稍候的個案概念化和處置計畫有關。

像是家長可能會認為孩子的功課最重要，但是孩子或許需要一點喘息的空間，卻無礙於對課業的用心，這兩者可能對於問題的定義很一致，只是重點需要稍做調整；老師認為學生不聽話、喜歡頂嘴，但是學生認為老師不喜歡她／他，也不喜歡她／他問題，兩者對於

問題的定義迥異，該以誰的為主？諮商師或許會這樣解釋：「你想要發表自己的想法，但是時機可能不是很適當，讓老師認為是在挑戰他／她，可不可能我們可以說出自己的想法，卻不會讓老師不舒服？」諮商師整合了當事人與轉介人的定義，讓其步調可以一致。

有時候，轉介人可能希望當事人與人互動時、可以少些衝突，但是當事人不認為這是問題，而堅持自己有表達不同意見的權利，諮商師就可以權衡一下、顧及兩方的重點，如：「我們當然可以表達自己的看法，只是別人的意見也可以聽聽看，或許不需要因為觀點不同就用吵的，而是可以較為心平氣和地溝通。」有時候問題在釐清之後、是需要做一些修正的。或許當事人提到的是「減少考試焦慮」，但是諮商師發現他的成績都不錯，除了詢問當事人是怎麼辦到的、平常使用紓壓的有效方式，進一步可能看見當事人害怕被比下去、辜負家長對他的期待，因此問題就可能需要做調整，不過還是得視當事人是不是同意，才可以繼續進行。

另外，定義問題也與諮商師的個案概念化有關，因為諮商師會先以自己的核心理論來定義問題，而處置方式也隨之而來。但是也要注意要為當事人「量身打造」適合的理論與解決方法。

## 定義問題示例：

當事人：「我就是不知道該怎麼做，所以才過來看看。」

諮商師：「可不可以把目前困擾你的情況說明一下？」

---

當事人：「沒有人喜歡我，我沒有朋友。」

諮商師：「所以你希望被喜歡、還可以有朋友？」

### 定義問題可能會遭遇的困難（不限於此）：

**當事人**
- 當事人沒有意識到問題的存在。
- 當事人沒有意識到問題的嚴重性。
- 當事人認為自己不需要為問題負責任。
- 當事人習慣甩鍋、將責任推給他人。
- 當事人安於現狀、不願意做任何改善動作。
- 當事人仰賴諮商師為其解決面對的問題。
- 當事人認為諮商師沒有站在自己這一方，而拒絕合作。

**諮商師**
- 諮商師在了解問題脈絡之前就下定義。
- 諮商師沒有詢及當事人對於問題的說明，只以轉介人敘述的為依據。
- 諮商師沒有站在當事人立場去思考可能的原因。
- 諮商師以教育者或是威權者的立場，譴責當事人。
- 諮商師以主流文化的框架來定義問題。
- 諮商師以自己認為的方向定義問題，未與當事人討論。

**＋知識補充站**

　　諮商師與當事人是不同個體，有不同的生命經驗，而諮商師的工作項目之一是可以提供不同的視窗或觀點給當事人，在問題的定義上也是如此。定義問題與接下來的處置有關聯，而問題的定義也會隨著資料蒐集越多而做適當修正與調整。

# 2-12 立即性

「立即性」（immediacy）是人本學派開發的技巧，也就是治療師揭露自己在諮商現場所觀察、感受到的，包含對當事人與治療關係的看法及感覺，著重在「此時此刻」（here-and-now）（Corey, 2013），是一種「過程的自我揭露」或「你─我關係」的立即性對話，會讓治療關係更深入、更親密，也更透明（Chen & Giblin, 2018, pp. 153 &169）。「立即性」可以用「自我揭露」（諮商師表露個人感受、反應或對當事人與治療關係的經驗）或是「挑戰」（用來面質當事人在治療關係中的議題）的方式進行，也可以提供資訊（當事人行為模式），或指出當事人在治療之外的其他關係模式（Hill, 2009/2013）；使用的時機可以在治療初期（用來建立、監控與維持關係），或是在治療後期（用來了解當事人為何來到關係中，並解決治療關係中的問題）（Hill, 2020, p. 281）。

使用「立即性」的目的在於讓治療關係的同盟更佳、合作更好，就治療關係或互動可以有更多的討論與回饋，並讓當事人有更多的自我探索與覺察（Cormier & Cormier, 1991, pp. 31-32）、也讓晤談更深入（Chen & Giblin, 2018, p. 169）。使用立即性可以檢視治療關係中的諮商師與當事人，也可以促進當事人的覺察與思考，且不像挑戰和面質那樣具批判或攻擊性，因為只是描述行為，因此當事人也較容易接受。使用立即性技巧時應注意：就觀察到的當下情況做描述，提到自己的感受時要負起責任（使用第一人稱），以及需注意使用時機（Cormier & Cormier, 1991, p. 33），最好在關係穩定時使用。

立即性通常也是諮商過程停滯時可以使用的一種技巧，協助當事人審視目前諮商的情況、自己的狀況，以及治療關係的現狀，因為它只描述諮商師所觀察到的事實與行為、不具批判性，因此較容易讓當事人開口對話。立即性與挑戰/面質的最大不同處在於：它的衝擊力較小、也無批判意味，因此當事人較容易接受。使用立即性是希望可以提升當事人的領悟或頓悟、檢視妨礙治療過程的事件及確定或加強感受度（Hill & O'Brien, 1999, p. 237）。立即性的焦點可以放在（Hill & O'Brien, 1999, p. 235）：治療關係上、治療中的特殊事件，以及當下諮商師對當事人的反應上。使用立即性時要注意（Culley, 1991, p. 89）：使用肯定、堅定的語氣（直接說出自己的感受與觀察）；對自我開放（告訴當事人你在諮商關係中所覺察到的，而非指責當事人的錯）；具體而清楚地描述諮商師所想的，並請當事人就諮商師所說的做一些回應。

新手諮商師可以善用立即性技巧，提升當事人在治療中的覺察，讓關係更深入且有意義、替代挑戰或面質。

**小博士解說**

立即性就是諮商師揭露自己從當事人的後設溝通中感受到的，以及這些訊息所暗示的治療關係（Chen & Giblin, 2018, p. 167）。

## 立即性示例：

當事人：「我不想要再提這個人。」

諮商師：「你上次晤談時提到她，但是對她的看法和感受好像不一樣。」

當事人：「我還好。」

諮商師：「妳的身體緊繃、僵硬，是不是不舒服？」

當事人沉默、久久不發一語。

諮商師：「從今天進門到現在，妳沉默的時間很多，不知道妳現在的狀況如何？要不要從上一次的家庭作業開始先談一談？」

 **立即性的使用時機：**

★當諮商過程卡住時
★當當事人沉默許多時
★當諮商師想要檢視當事人前後行為時
★當諮商師察覺當事人可能的不一致出現時
★當諮商師想要當事人檢視治療關係時
★諮商師想要提升當事人的敏銳度或頓悟時
★治療界限出問題時，也就是當事人想改變治療關係時（Culley, 1991, p. 88）

**諮商師怯於使用立即性的原因**
（Brems, 2001, pp. 272-273; Cormier & Cormier, 1991, p. 33）：

諮商師的自我議題（如反移情），阻擋了諮商師看見當事人的行為／模式。

諮商師認為這樣的說法太私人或情緒化。

諮商師對於這樣的親密、開放溝通無經驗。

諮商師擔心說出來之後該如何處理。

諮商師不能確定自己的觀察無誤。

諮商師不能確定是否為當事人的移情表現或自身之反移情。

諮商師對於親密關係或自我形象議題不自在。

## 2-13 重新框架／架構（reframing）或標籤（relabeling）、幽默

除了諮商師是另一個人，對同樣的事件或許會有不同的觀點或解釋，因此也提供了當事人另一個思考的方向或角度／窗口，此外，諮商師也可運用重新框架或重新架構的技巧，協助當事人拓展思路或視野。**重新框架／架構**就是指出當事人所說的更深層意義，同時以較為正向、有希望感的方式陳述（Henderson & Thompson, 2011/2015, p. 3-14），或是提供當事人所說的資訊以外的更多訊息，讓當事人可以從不同與建設性的角度看自己的情況（Geldard & Geldard, 1997, p. 78）。女性主義治療師的重新框架，是將問題及「責怪當事人」轉移到考量環境中的社會因素（Corey, 2024, p. 424）。

使用「重新架構」的技巧也可以用「重新命名／標籤」（將標籤或評價做改變）的方式，可以衍生出不同的意義與方向。當事人若是受困在議題／事件中，思考也容易因此受限，但因為諮商師與當事人是不同個體、對於事件的看法可能就不一樣，因此自然可以提供當事人另一種觀點或角度思考。此外，諮商師還可以就當事人敘述的事件、從另一個較為正向的角度切入，讓當事人也看到其他的可能性。重新框架若運用得當，當事人會有豁然開朗或是頓悟的感受，也會有新的行為產生！

**幽默**也是重新框架的一種，從不同觀點看事情，或是以誇大的方式呈現荒謬與不協調處。諮商師雖然承接的都是讓人心情較為沉重、很有負擔的案子，但是不一定要把每一次晤談氛圍都弄得很嚴肅、沉重，當然也與諮商師的個性有關。幽默是「兩個巴掌」的事，也就是要雙方都懂得其中竅門或重要的「笑點」（punch），要不然就容易演變成嘲諷或譏笑，因此需要雙方都了解其中奧妙的才是幽默。倘若只有諮商師一方覺得好笑的，可能是「冷笑話」，或許需要給當事人一點時間才可以領悟到，但是要注意不要讓訊息接收者覺得是諷刺或負面意義就好。幽默可以建立合作關係、協助診斷及解釋，與重新修正當事人目標、為自己創造更好的未來（Mosak, 1987, p. 76）；幽默可以減少防衛、為問題打開彈性空間，也在壓力減低時促進溝通（Witmer & Sweeney, 1995）；在治療中則是展現了諮商師與當事人人性的一面（Mosak, 1987, p. 23）。

幽默也可以是將情況或不一致誇大，可以協助當事人不需要嚴重事態、輕鬆以對，同時展現創意，讓當事人可以用更寬容的心態面對問題。幽默是連結當事人，與其溝通的有效方式，表達出來的是無批判性的了解，共享笑聲可以減少指責與壓迫，幽默也可以提升想像力、降低防衛性，有助於問題解決和目標設定（Sharry, 2004, pp. 27-28）。蕭文（2006, pp 7-8）指出幽默的使用情境：當治療關係陷入停頓或困住時，當事人陷入情緒瓶頸、跳脫不出來時，當事人有不合理信念或僵化思考，當事人不斷找藉口、拒絕改變時，以及當事人表現出焦慮時。

**重新框架示例：**

 當事人：「我跟她就是凡事都會吵起來，反正就是很難溝通！」　諮商師：「所以即使很難溝通，但是你們都很努力想要與對方互動，讓對方了解。」

 當事人：「他們說我是搗蛋鬼，老師也說我總是出鬼點子！」　諮商師：「聽起來你很努力要解決問題，只是不一定有你想要的結果。」

**幽默示例：**

 當事人：「我跟她就是凡事都會吵起來，反正就是很難溝通！」　諮商師：「生活如此無趣，但是你們都努力增加一些刺激來對抗無聊！」

 當事人：「他們說我是搗蛋鬼，老師也說我總是出鬼點子！」　諮商師：「搗蛋『鬼』出『鬼』點子？同學跟老師都喜歡跟鬼有關的東西？」

> **治療中使用幽默的禁忌**（Haig, 1988, pp. 173-174）：
>
> 當幽默是用來否認、壓抑或退縮的藉口時。
>
> 當幽默是挑逗或敵意的表示。
>
> 治療師以嘲諷方式傷害當事人。
>
> 自戀型治療師用幽默來炫耀自己的能力或聰明。
>
> 讓當事人覺得諮商師不重視自己的問題。

**＋知識補充站**

　　重新框架會帶來希望，而幽默則是將氛圍變得輕鬆些。若將幽默用在治療中，也要注意可能的不妥或危險，像是諮商師與當事人以幽默作為煙幕彈、否認自己的感受與想法（Mosak, 1987, pp. 73 & 76）。幽默通常是從「自嘲」開始，諮商師若可以自我解嘲，除了展現自己對於事物的不同理解與看法外，也提供了當事人不需嚴重事態的可能性。

## 2-14　想像或幻遊、贊成─再保證

　　許多的情境可以用**想像**的方式為之，「打比方」是其中之一，諮商師往往可以運用引導想像（guided imagery）或是請當事人想像的方式，來引發出更多的資訊或了解。很簡單地引導當事人做一些想像或是幻遊，可以讓當事人放鬆，從語言思考轉換成圖像的思考，也可以呈現未來的期待情況。想像也可以是放鬆或冥思的材料，例如請當事人想像一幅可以讓自己安靜下來或是愉悅的圖像／景色，置身其中會有靜心之效。想像可以是預想問題解決後的情況（或諮商目標）；想像也可以是具體的場景（像是想像自己面對幾百人演說的會場，可能會手心出汗、渾身不自在），接著使用正念（mindfulness）的技巧，焦慮或是擔心就可能舒緩一些（系統減敏法亦有這些內涵）；想像也可以是想像十年後的自己，看見自己周遭的環境、家人、還有不錯的工作職場，讓自己有目標等等。心理的想像若適當使用，有很大的功能與效果，也可以平衡我們向來習慣的邏輯與認知，畢竟一般人使用左腦較多，右腦則是圖像、空間等功能。使用遊戲治療或是沙遊，也是展現想像的一種方式。想像可以協助當事人專心與放鬆、引導當事人朝向想要達成的目標或是作為評估療效之用。

　　即便是想像的景象，我們的身體也會視其為真，因此引導想像就可以引導當事人的思考與想像，到較放鬆、聚焦的狀態，加上諮商師的暗示，協助當事人創意地解決面臨的議題（Chen & Giblin, 2018, p. 203）。想像也可以讓當事人與過往痛苦或是正向的經驗接觸，讓他們與內在的痛苦有連結，然後在諮商過程中學習處理；也可讓當事人有機會重新獲得熟練的機會、克服過去的不足；鼓勵當事人說出自己的故事並獲得頓悟；讓當事人發現新的選項或行為，而有較好的結果；協助當事人了解過往事件為何會發生（Geldard & Geldard, 1997, pp. 130-131）等。

　　諮商師偶爾可以使用「**贊成─再保證**」，主要目的是提供情緒支持與再確認，指出諮商師同理或了解當事人，或暗示當事人的情緒是正常且受到尊重，讓當事人在足夠安全的氛圍下，繼續針對所關切議題做深度探討（Hills, 2020, p. 117）。「贊成─再保證」有時候用來提供增強或鼓勵，表示諮商師重視當事人所說的／做的、鼓勵當事人持續做改變，但不宜用來小化或否認當事人的情緒（如「別擔心，一切都會變好。」「那是正常的。」）另外，「贊成─再保證」不宜使用太多，或是用來討好當事人（Hills, 2020, p. 118）。

### 小博士解說

　　諮商師較少做保證，倘若需要使用時得謹慎。即便是贊成當事人的想法，諮商師也很少會說出同意或贊成的話，而是以鼓勵、支持來替代。

## 想像示例：

  諮商師：「想像一下，自己現在已經擺脫了那個痛苦情境，你現在的感受如何？」

  諮商師：「現在妳已經不是當年無助無能的孩子，妳看見了什麼？」

## 幻遊示例：

  諮商師：「請大家閉起眼睛，很輕鬆地讓自己坐著。然後請你想像一幅讓自己最感到放鬆的畫面，也許是一幅畫、一個人、一個景象，都沒有關係。專注在那個畫面上，仔細觀察那個畫面，輪廓、顏色、表情、動作、聲音，讓自己浸潤在那個情境裡、感到放鬆。」

 諮商師：「我們現在抵達一處樹林，兩旁是高大的樹木，枝枒像手一樣朝天空伸展，空氣中有淡淡的清香，偶而還聽到幾聲鳥鳴或有飛鳥經過，此時你看見一隻動物突然到你面前，你看見的是……？」

## 贊成——再保證示例：

 當事人：「我也不知道這樣做對不對？反正就硬著頭皮去做了。」　諮商師：「真的很難處理。」

 當事人：「我只是想要有不一樣的解決方式，沒想到結果還不錯！」　諮商師：「做得好！」

**＋知識補充站**

諮商師用簡單的指導語，引領當事人或是團體成員進入想像的世界，可以沒有任何背景音樂，也可以同時播放輕鬆或自然的音樂；通常引導語輕柔、穩定而簡短最佳。

# 2-15 比／譬喻、正常化

我們一般在日常生活中也經常使用**比／譬喻**，像是「吃腦補腦」、「嘴大吃四方」、「燈下黑」、「他家就像動物園」等。比喻基本上是具有精煉意義與連結的功能，一是將想法與情緒以濃縮方式描述，還代表壓抑的情緒需要表達出來，二是反映過去的經驗與目前的關係、連結外在與內心世界（Siegelman, 1990, p. 21），運用比喻或是打比方的方式較為間接、較不具傷害性，是可以協助當事人表達，或者是發展出表達當事人情境、關係的有力方式（Tolan, 2003, p. 30）。諮商師或是當事人不一定會明確表達出情緒，因此藉由比喻或譬喻的方式，以想像的情境或人物來描述、較不具威脅性，像是：「在那樣想辭職卻又沒有退路的情況下，妳的心情像是……？」「感覺像是在密閉空間、沒辦法好好呼吸。」；也可以容納更多資訊，對於語言表達較不擅長的當事人，打比方可以協助其以不同方式傳達、嘗試讓他人了解，也拓展了當事人的溝通模式，像是：「家對你／妳而言像什麼？」

比喻也可以用來評估諮商效果之用，像是當事人在諮商初期，可能描述自己像個小女生、躲在角落哭泣，諮商後期，當事人形容自己是個成人、走進去擁抱那位小女生。故事或繪本、詩詞、身體動作、繪畫、遊戲或沙遊，甚至是夢，都有隱喻的意義，在適當情境下善加使用，也有加乘效果！

比／隱喻不宜過度使用，可能會讓諮商師與當事人玩起遊戲來、造成治療不深入；若是當事人還沒準備好也不宜使用，而較無想像力的當事人或諮商師就更難使用隱喻（Siegelman, 1990, p. 117-127）。

有時候當事人會認為自己遭遇的事情或是行為、想法、情緒很獨特，可能也覺得不能做處理，諮商師可以將它「正常化」，讓他／她看見自己與其他人一樣或相似、減少其自責的情況。使用「正常化」要注意：不要否定當事人的感受以及伴隨的不舒服（Geldard & Geldard, 1997, p. 78）。有時候當事人會有一些矛盾的感受、自己也搞不清楚，像是當事人說：「我怎麼可能讓一個傷害我的人繼續傷害我、還一直跟他／她在一起？」諮商師回道：「的確，妳不是唯一有這樣的感受的人，我們若曾經深愛過一個人，有時候還會為他／她給我們的傷害找理由，也希望他／她不是刻意要傷害我們。」或是將當事人使用的極端／絕對性字眼（如「總是」、「非常」）做一些較不極端的改變（如「有時候」、「可能」）（許維素，2003，p. 71）。在團體諮商中，或許有成員認為自己奇怪或詭異，就讓其他成員來回應著個問題，不需要領導者給回饋；像是成員會說：「我不知這樣做是不是太自私了？」領導者可以用「繞圈子」的方式邀請其他成員給予意見。

## 比喻示例：

**1**  諮商師：「處於那種環境對你來說像是什麼？」　當事人：「就像是被鎖在黑暗的房間裡，沒有門、也沒有窗戶。」

**2**  諮商師：「如果可以把自己的情緒用比方的方式，你會怎麼形容？」

當事人：「比較像是全身被壓制住、動彈不得！」

 諮商師：「所以可能是無助、無力、無法施展，也無法向外呼救？」

## 正常化示例：

**1**  當事人：「我這樣是不是太寵孩子了？萬一以後他出什麼差錯，我該怎麼辦？」　諮商師：「寵孩子是許多父母親都會做的，自己的孩子不疼，誰疼？當然我們也希望的教導他正確的方向，也糾正他可能的錯誤，以免造成未來的傷害！」

**2**  當事人：「我的同學會說，我爸媽離婚，是不是我做錯了什麼？」　諮商師：「爸媽離婚有他們自己的理由或原因，但是基本上都跟孩子無關。」

---

### 💬 一般人溝通時的無效回應（Long, 1996）：

- 上對下（以威權或高姿態的態度）
- 貶低或看輕（如嘲諷，或再保證）
- 專家姿態（認為自己知道最多、最行）
- 給建議
- 盤問者（一直問問題以獲取資訊）

- 呆板的諮商師（講得好像關心當事人，卻無相對應的情緒）
- 問題解決者（類似專家角色，會分析問題、解決問題）

---

**＋知識補充站** ● ● ● ● ● ● ● ● ● ● ● ● ● ● ● ● ● ● ● ● ● ● ● ● ●

對於較無法用語言表達情緒或是年幼的當事人，打比方的方式可以透露出許多訊息讓諮商師猜測或了解。諮商師也可以換位思考、試圖猜猜當事人可能有的情緒或想法，有時候將其用語言正確表達出來，也示範給當事人知道可以如何表達。

# 2-16 提供資訊或建議

當事人若是有需要資訊補充其做決定，或者是提供相關資源的資訊（如社會補助或求助管道），諮商師也都可以提供。有些當事人急需經濟、醫療或是法律方面的資訊卻不清楚，諮商師手邊有可以連結的資源，當然可以提供，甚至直接聯繫。諮商是為當事人服務，所以與其他相關單位合作、一起為當事人謀福利是必要的！我記得許多年前，多元性別族群若需要愛滋檢測或是身體出現狀況、需要醫療協助時，苦無正確管道，此時就可以提供其願意服務此族群的醫師或醫院的相關資訊；弱勢族群若在經濟上困窘，有可能在其他就學、親職或是身心疾患上需要援助，但是可能不知道有資源可用，諮商師也都可以聯繫或轉介相關單位提供協助。

在一般情況下，不太會建議諮商師使用「建議」的方式協助當事人，尤其是在還不明瞭當事人的情況或故事前，最好少做建議，但是危機情況除外。雖然在學校是以輔導學生為主，所謂的輔導是引導與教育的成分居多，免不了會有教師角色上身，但是諮商師會慎用建議，特別是還不清楚當事人使用過哪些方式試圖解決問題之前。即便當事人是學童，仍然是有能力的人，在面對問題或挑戰時，還是會先思考解決之方，因此諮商師通常會詢問當事人曾經使用過的方式，哪些較有效？哪些效果不如預期？這就是尊重當事人的一種表現。倘若諮商師給了意見或建議，總是會追蹤當事人去做了沒？效果如何？即便當事人使用過諮商師所建議的方式，或許效果不彰，卻不好拒絕諮商師所提的建議，那麼該如何？彷彿無形中也給了當事人壓力。就如同家庭作業一樣，若無法取得當事人的理解與合作，家庭作業就形同虛設、無法達成其預設的目的！有些諮商師或許會禁不起當事人渴求的目光，於是就輕易給建議，也可能造成當事人的依賴，或者是當事人依照建議去做，卻不滿意時，就會責怪諮商師。

在危機情況下，諮商師可以給予一些具體建議，以維護當事人之安全或緩和其情緒；需要諮商師真的給建議時，也不會直接就這麼做，而是請當事人試試看（如：「你有沒有想要試試不同的方式？」）或者是用暫時的語氣詢問（如：「試著做一下不一樣的事，看看會如何？」）較不會讓當事人有壓力。當然，建議通常就是要讓當事人去採取一些行動，倘若當事人還沒有準備好，或者是尚缺乏該有的能力或技術，諮商師就要先訓練、養成當事人的能力，或是用預演／角色扮演方式讓當事人有「底氣」或練習過，臨場時較不容易慌亂！

儘管有時候當事人真的亟需建議或指導，諮商師還是需要清楚自己為何給建議；若是要當事人去執行改變，就要將行動切成小塊、可行的方式，有時候還要寫下來以免當事人遺忘，也不要造成當事人的依賴（Hill, 2020, p. 144）。

## 諮商師可以提供的資訊類型（Brems, 2001, p. 227）：

| 資訊類型 | 說明 |
| --- | --- |
| 教育心理的資訊，客觀、公正而不含個人意見的 | 像是人類發展階段的任務與危機、青少年衝動的可能原因 |
| 一般、普通的正確資訊 | 像是一般人做個別諮商的擔心與害怕、性侵對受害者的影響 |
| 重新標籤的運用 | 協助當事人從不同角度思考與體會 |

注：另外還可以提供當事人需要的相關協助資源（像是社福機構、熱線或緊急電話等）、讀書策略或網路資源等。

## 諮商師提供建議的優劣點：

| 優點 | 缺點 |
| --- | --- |
| • 緊急情況時可立即處理。<br>• 提供當事人建議或修正有效的處理方式。<br>• 若當事人主動要求，其遵循率較高。<br>• 提供前人或相似成功經驗，以供效仿。 | • 可能會讓問題惡化。<br>• 諮商師因為當事人不聽從建議而生氣或認為當事人不合作。<br>• 不是當事人要求的，給了建議不一定會遵守。<br>• 造成當事人的依賴。<br>• 可能暗示當事人的無能。 |

## 提供建議的限制（Benjamin, 1987, cited in Doyle, 1998, p. 231）：

太早給建議會阻斷重要對話，或妨礙與當事人的有效溝通。

妨礙當事人學習重要資訊，可能會讓當事人依賴諮商師，或逃避自己的責任。

若當事人拒絕或抗拒諮商師的建議，可能會讓當事人防衛心更重。

若諮商師非某專業專家卻提供了建議，或許將問題看得太簡單，其所提之建議就不適當或不重要。

當事人可能會錯誤解讀諮商師的建議。

當事人或許因為自身或其他因素，而未能遵循諮商師之建議。

當事人或許也不清楚諮商師提供建議之意義。

諮商師所提供之建議不符合當事人之信念。

### ＋知識補充站

　　諮商師在一般情況下，較少主動提供建議，主要是擔心在尚未了解當事人的情況前、建議給得太快，會讓當事人覺得諮商師唐突或是認為自己無能，因此最好的下手處是先問當事人嘗試過的方式、效果如何？或許接著就可以提議讓當事人試試的其他方式。

# 2-17 練習與角色扮演（role playing）

所謂「不教而成謂之虐」，倘若當事人缺乏，或不熟練某些行為或技巧，諮商師就需要扮演教練的角色，協助當事人獲得或熟練這些行為／技巧，因此**練習、預演**（rehearsal）與角色扮演就很重要，甚至還要做成果驗收。

有時候諮商師的角色像是教練，要教導當事人一些技巧或因應方式（像是肯定訓練、正念舒壓、因應霸凌）、溝通要訣（如「我訊息」之使用），接著要讓當事人多練習、熟悉這些技巧，責成讓當事人自己練習也是一種選擇，然而有諮商師的示範（modeling）、引導與陪伴，甚至做一些必要的修正或回饋，效果更佳！諮商師也可以按照練習的步驟或強度、做漸進式的安排。以「系統減敏法」為例，諮商師除了說明與示範之外，還需要進一步協助當事人列出壓力情況的高低順序、如何做呼吸舒壓、想像壓力情境，若不能承受要暫停（如伸出食指示意）、返回上一層較低強度的壓力想像等。有當事人怯於與人做眼神接觸，因此妨礙其與人的溝通互動，諮商師協助當事人慢慢調整眼神著落處（如從肩部或頭頂開始），反覆練習也讓焦慮可以降低。充足適當的練習並驗收成果之後，才可以讓當事人將技巧或方式運用到晤談以外的場域。

**角色扮演**就是一種觀察與替代學習，可以讓當事人看到成功結果、願意嘗試，也可以先預習可能會出現的情況、試圖做解決，因為當事人對於沒有體驗過的舉動或是技巧會擔心害怕，先讓當事人練習就較不會焦慮，也可以提前知悉一些可能的意外或突發狀況以及因應之方；或者是站在不同立場、體驗或模擬對方的感受或想法；也可以做自我的對話（特別是有重要決定要做時）。有時候只是在心裡面預演（像是要做決定時），往往不具體，倒不如將其「具象化」，可以真實聽到自己不同的聲音（贊成與反對），或許更清楚自己的思考和考量方向。角色扮演不僅可以讓當事人練習及熟練一些技巧，也可以讓當事人將自己的情緒與想法投射出來，協助當事人更清楚自己對於人事物的看法和感受。

「雙椅法」或「空椅法」可以視為一種角色扮演方式，用兩張椅子，請當事人坐在其一、諮商師坐在另一張椅子上；或者是讓當事人面對一張空椅子、做自我對話或是預演。角色扮演或是雙椅法都需要想像力，而這樣用具體的器物做模擬對話，與當事人互動的方式，當事人也具體聽到不同的意見，會較容易做決定。家族治療裡所使用的「重建現場」或「重建」（enactment），也是角色扮演的一種，而諮商師可以在「重建」中擔任導演，讓裡面的演員以不同的方式互動。

## 教導（coaching）當事人學習新技巧需要注意（Nelson-Jones, 1997, pp. 322-323）：

- 教訓與催化、鼓勵之間的平衡。
- 給予清楚指示。
- 將項目分段（或做「任務分析」）、動作分解。
- 注意試驗次數足夠，讓當事人可以熟練。
- 運用行為預演與角色扮演。
- 運用回饋技巧，告知當事人做對與可以修正的部分。

## 示範的類型（Hackney & Cormier, 1994, p. 150）：

| 現場示範（live modeling） | 象徵性示範（symbolic modeling） |
|---|---|
| 讓當事人看見真實的例子，如表演給當事人看見如何使用「我訊息」。 | 以不同媒介呈現，讓當事人觀看與學習，如電影、影音、紀錄片或動畫。 |

## 「角色扮演」注意事項：

| 先決條件 | 何時需要角色扮演 | 使用時機 | 角色扮演之限制 |
|---|---|---|---|
| • 注意模仿楷模與當事人的相似性，相似性越高越好。 | • 在治療關係平穩後進行。<br>• 要讓當事人先準備好。<br>• 到諮商室外的實際場域進行，遷移效果較佳。 | • 技巧訓練、問題解決、減輕實際執行改變或行動前的焦慮、增加當事人信心 | • 因為非在實際情況下進行可能失真。<br>• 當事人或諮商師無法進入狀況。<br>• 對於受創當事人可能造成二度傷害。 |

+知識補充站 •••••••••••••••••••••••••••••••••••••••••••••••••••••••••••••

　　「角色扮演」可以讓當事人站在不同位置去思考與感受，也會有不同的領悟。在當事人只是習慣性地以自己的立場去審度情況時，不免會較自我中心、無法換位思考，因此角色扮演就成為一個可以使用的方式。

　　「示範」就是讓當事人可以觀察、然後模仿學習，尤其在對於技巧的獲得，或是對較年輕的當事人而言，示範與練習就極為重要。

# 2-18 摘要、肯定

「摘要」（summarization / summary）的目的是讓當事人開始做準備（預熱）、將凌亂的想法與感受聚焦，或將特定主題的討論作結束，和激發當事人更全面地探索某個主題（Brammer, 1973, cited in Egan & Reese, 2019, p. 178），因此在晤談無方向、當事人需要新觀點時，都可以使用（Egan & Reese, 2019, p. 178）。摘要可以涵蓋所有的技巧，諮商師要同時回應多於一種想法、內容、感受或隱藏的訊息時使用（Brem, 2001, p. 173），因此可以使用本書所介紹的鼓勵、重述、釋義與反映等技巧。摘要就是讓諮商師確定將所有的內容重點與情緒，都回饋給當事人知道。摘要的使用時機可以在聆聽當事人說一段內容後，晤談即將結束時，或是在當事人滔滔不絕地陳述時暫停一下、確認諮商師所聽到的。

若在團體中使用摘要的技術，通常是表示聽到某成員所說的，也可以在一次團體快要結束時使用摘要，目的是總結此次團體所討論的重點；一般在團體剛起步時，領導者可以自己負責做摘要，慢慢地也讓其他成員學習如何做摘要，這也是權力下放的一種表現，在個別諮商中也一樣。摘要的使用要適可而止，過多則會讓當事人覺得重複和無聊，太少，就可能沒有機會讓當事人回顧一下重點；摘要有時候是由諮商師來做，但是也可以將其交給當事人或團體成員來做（例如：「我們今天談了些什麼？」）可藉此機會讓當事人／團體成員與諮商師／領導者回顧一下這次晤談的重點，與提醒當事人／成員家庭作業。

簡單地說，摘要可以在以下情況中使用（Culley, 1991, pp. 45-46）：釐清內容與感受、將諮商中所談的做一次回顧、可以在一次會談結束時使用、可在新的一次晤談前使用（摘述一下上次晤談重點）、列出優先次序與重點，以及讓諮商更往前一步。摘要就像是我們大腦的功能之一，為我們整理白天所發生的大小事，讓我們更清楚過去種種與未來該如何。

「肯定」（affirmation）就是確認與肯認當事人所說的，有時候像是給予「再保證」（reassurance）。當事人或許會認為自己無自信或能力不足，所做的許多事都無法得到認可或讚許，諮商師面對這樣自責的當事人，不是為了討好他／她而無中生有，而是就自己的觀察或從當事人的敘述中，將當事人的優勢或所做過的努力指出來，甚至有進一步激勵的動作。肯定當事人所做的、所想的、知道其可能的動機，這些是可以藉由諮商師的口語或是肢體語言表現，因為這就是給予當事人支持；倘若當事人所想的或採取的行動不當或無效，諮商師可以與其商議是否有更佳的選項。

**摘要示例：**

當事人：「反正就是我已經試過很多次，她的態度還是一樣，不會因為我做了什麼就改變，我已經覺得很累了！」

諮商師：「你嘗試修補你們之間的關係、也試過了許多方法，但是結果不如預期，覺得碰到瓶頸、也很疲累。」

當事人：「沒有人像我這樣對她，別人都說她不好、不值得，可是我就認定了她！有人說我傻，也是，誰會像我這樣、不管如何都接納她，只是她沒有這樣對我啊！」

諮商師：「你力排眾議、堅持自己的選擇，因為這是你要的！只是儘管如此，她似乎沒有以相同的方式對你！」

**肯定示例：**

當事人：「我不知自己這樣做對不對？很擔心自己又做錯了！」

諮商師：「至少你試過、企圖解決問題，有了經驗，下一次會學到更有效的方式。」

當事人：「我也想要跟他們做朋友，可是他們不想要跟我有關係，還會在背後說我。」

諮商師：「你很努力要融入新的班級，但是好像不順利，至少你努力過，接不接受也是他們的選擇，你比較不會遺憾。」

---

**使用摘要注意事項**（Culley, 1991, pp.44-45; Hill & O'Brien, 1999, pp. 102-106）：

★按時提供當事人你的觀察或發現，不是絕對或決定性的，因此要注意措辭。

★避免告訴、知會或定義當事人。

★要尊重、不批判。

★使用治療師自己的語言，而非鸚鵡學話。

★聽到當事人內心想要表達的感受，也適當表達出來讓當事人知道。

★不要在當事人所說的另外加入內容，也不要批判或另做詮釋。

★要真誠、不要假裝自己懂。

★簡短而直接。

★維持自己說話的音調，不要用誇張或不置信的方式說話。

★一次聚焦在一個重點上。

★採用不疾不徐與支持性的口吻。

★以暫時性的語氣。

★聚焦在當事人身上。

★若有不清楚處，可請教當事人。

★使用不同方式進行，如：「聽起來好像……」「你說的是……」「剛剛我聽到……」。

## 2-19 澄／釐清、鼓勵與讚美

有時候當事人表達不夠清楚或是說得太長，或是諮商師可能會錯了意，就需要用「釐／澄清」技巧，像是：「我有點走神了，剛剛你／妳提到的是被霸凌經驗，怎麼現在說的是你／妳的好友？」（內容的澄清）或：「聽了你／妳在情感上被背叛的故事，你／妳應該覺得很氣憤，可是你／妳似乎沒有這樣的情緒。」（情緒與內容的澄清）偶而也會有當事人與諮商師的用詞一樣，但是要表達的卻不同，像是當事人說：「我很擔心自己會失常。」諮商師問：「是表現不像平常那樣、所以失常？」當事人道：「就是別人認為我不正常。」諮商師面對的是當事人，然而當事人有時候會提到重要他人或其他人的想法，此時諮商師就需要做釐清，像是「你當初是怎樣的想法？」而不是問「當初你母親是怎麼想的？」注意：當事人才是諮商關注的焦點！

對於年紀較輕或是將自貶內化的當事人，適當地使用一些**鼓勵與讚**美是可以的，可以催化當事人繼續說下去或是探索。為了不讓鼓勵成為客套話，或不被當一回事，舉出具體事例佐證就很重要。鼓勵與讚美是表示看見或見證了當事人的進步或努力，甚至是當事人的優勢與自我強度，有些當事人不太習慣接受讚美，因此諮商師給予的讚美最好是舉證或有證據，足以說服當事人，讓其可以坦然接受。鼓勵不僅是見證結果，因為許多的結果並不是百分百成功或令人滿意，而是認可當事人在過程中所付出的努力與韌力、支持其繼續下去！

敘事治療的證書或是獎狀的頒發，也是一種鼓勵／認可的證明，而且因為是書面的，可以讓當事人反覆拿出來看，甚至在自己覺得無力或失望時，提醒自己曾有過的榮耀及能力，可以有希望、振作起來恢復以前的實力！每個人都想要被認可和看見優點，證明自己不差，有品質的鼓勵與讚美可以是一股正向力量、指引當事人往有益且對社稷有貢獻的方向前進。

Sweeney（1998/2006, pp. 130-131）提到使用鼓勵的幾個重點：一個人「做了甚麼」比如何做更重要，「現在」比過去或未來更是焦點所在，做的「事」比做的人來得重要，強調「努力過程」而非結果，表達出其「內在動機」（如滿足、享受或挑戰）而非外在動機（如獎賞或懲罰），「學到了什麼」比沒學到什麼更重要，強調什麼是「被正確糾正過來」的（如「十題妳答對了六題」）而非沒被糾正過來的（如「妳錯了四題」）更重要。

**小博士解說**

鼓勵需要具體事實為佐證，就不會流於空泛、抽象，具體的鼓勵還讓當事人清楚可以努力的方向為何？

## 澄清示例：

 **1** 當事人：「我是不是太情緒化了？要不然對方怎麼會有這麼激烈的反應？」　諮商師：「你是說你的情緒引起對方過度的反應嗎？還是妳的反應太激烈了？」

 **2** 當事人：「我不曉得該不該說？說了又怕對方誤會就更糟了！」　諮商師：「你說了兩件事，一是可不可以說？二是如果說了、對方不諒解，是這樣嗎？」

## 鼓勵與讚美示例：

 **1** 當事人：「我應該沒什麼優點吧。」　諮商師：「妳把很多事情都攬在自己身上、視為責任，也不居功；另外，妳也很堅持要照顧好家人，這些都是妳對自己的期許？」

 **2** 當事人：「我是覺得，別人不做、我來做是可以的，反正也不費力。」　諮商師：「能夠這麼替他人設想的人不多，妳是怎麼讓自己可以持續下去的？」

### 鼕／澄清的技巧使用在：

- 當事人一下子說了太多內容。
- 當事人的思考較跳脫，可能馬上從A說到B。
- 諮商師不清楚當事人說的是自己還是他人。
- 諮商師一時之間閃神、沒有仔細聽清楚。
- 諮商師企圖將當事人與他人的責任做區隔。

### 無效與正確的鼓勵：

| 無效的鼓勵 | 正確的鼓勵 |
|---|---|
| 你／妳好帥／漂亮 | 你／妳的眼睛很亮、很有精神！ |
| 你／妳真聰明 | 你／妳會去想該怎麼解決這個問題，真棒！ |
| 你／妳好棒 | 你／妳看到我手上東西多、替我分擔，謝謝你／妳！ |
| 你／妳是乖孩子 | 即使你／妳不清楚為什麼來這裡，你／妳還願意來，謝謝你／妳！ |
| 你／妳做得好 | 哇！你／妳洗了這麼多碗，真厲害！ |

### ＋知識補充站

　　華人文化的讚美通常會放在「結果」上，無形中忽略了過程中有過的辛苦與努力，也容易讓孩子誤以為過程不重要，其實即便許多事情的結果不如預期，但是在過程中，看到自己盡力、進步，從陌生到熟悉，甚至（像球賽）大家一起戮力合作完成某件事，這些都是很棒的學習且值得酬賞的！

# 2-20 自我揭露（self-disclosure）

諮商最重要的就是治療關係，因此治療師將本身當作治療工具，要真實、一致地展現在當事人面前，也讓當事人看見角色楷模的同時，接納人都有其限制與弱點，而「自我揭露」就是很直接的表現管道。自我揭露是坦誠說出自己的感受、想法或經驗，我們在一般生活中使用自我揭露，是希望對方更了解自己，與自己更靠近，而不需要隱藏、可以更真實呈現自己，自我揭露也是親密關係的要素。在諮商過程中，當事人是主角，因此諮商師的主要工作是聽當事人說，有時問必要的問題，偶而也說些諮商師自己的事。諮商師的自我揭露是要向當事人展示真實、坦誠與人性化，讓當事人知道過來人的掙扎與感受，或有助於其處理目前遭遇的困境，也會讓當事人覺得與諮商師更靠近、促進諮商關係，而「立即性」也是自我揭露的一種（Kottler & Kottler, 2007/2011, pp. 70-71）。

諮商師的一個重要功能是「提供當事人另一個思考的窗口」，從不同的角度看事情，也給當事人不同的思考方向。諮商師使用適當的自我揭露（分享自己的感受、經驗和想法），可以鼓勵當事人也做同樣的自我揭露（示範作用）；諮商師分享自己的經驗，讓當事人覺得自己不孤單，因為也有人遭遇過類似的情況（正常化）；諮商師自我揭露成功經驗可供當事人參考、試著用來解決當事人自身的問題。然而，諮商師可能稍不留意，就帶著私人的動機（如急著同理當事人的經驗、想要表達自己與當事人類似、宣洩情緒，或怕當事人焦慮等）做自我揭露，這樣也是濫用自我揭露，因此治療師要仔細評估與檢視自己為何做自我揭露，以及使用的時間或時機。

諮商師的自我揭露基本上是希望：（一）讓當事人了解諮商師是人，也經歷過與他／她相似的人類困境，讓當事人感覺被了解；（二）可以減少治療師的神秘感、減少不切實際的移情現象。自我揭露要小心處理，最重要的是必須要保護當事人與其需求的治療空間（Tolan, 2003, p. 55），而自我揭露必須注意：不是用來給諮商師宣洩或說自己的故事之用，要注意適時與適當性；若是揭露過多，當事人會覺得到底是誰在做治療？也可能會懷疑諮商師的專業性；過少，當事人可能覺得諮商師沒有相關經驗，或是無法體會自己的遭遇。因此，諮商師過多或過少的自我揭露，甚至時機不對，其效用就會大打折扣。

**小博士解說**

使用自我揭露要留意（Tolan, 2003, p. 55）：保護當事人與其需求的治療空間，也就是清楚治療界限要由諮商師負責管理；若不做一些自我揭露，可能會讓當事人覺得諮商師較為疏遠、冷漠，然而該如何拿捏分寸也要注意；另外，諮商師也需要考慮自我揭露對當事人的可能影響為何？

## 自我揭露示例：

當事人：「我也不清楚別人是不是也是這樣想，所以不敢拒絕。」

諮商師：「以前我也是擔心別人對我的看法，所以不敢得罪人、也不敢說出自己真正的想法，但是發現自己很累。」

當事人：「那種感覺你知道嗎？好像是重重的石頭壓在心上，讓你透不過氣來！」

諮商師：「的確，被背叛的感受有時候像是窒息、好像活不下去！」

### 諮商師自我揭露的功能（邱珍琬，2017，頁51）：

\* 讓諮商氣氛夠開放。
\* 展現諮商師的敏銳與溫暖。
\* 縮短諮商師與當事人之間的距離、減少諮商師的神祕性。
\* 增進當事人自我揭露的程度。

\* 讓當事人改變其對自己行為的看法。
\* 讓當事人更願意表露情緒。
\* 協助當事人發展諮商目標與行動的新觀點。

### 諮商師自我揭露的優缺點
（整理自Henderson & Thompson，2015/2011, p. 3-17）：

| 優點 | 缺點 |
| --- | --- |
| 諮商師誠實坦露自己的想法與感覺，能鼓勵當事人自我揭露。 | 當事人尋求諮商是為了自己的問題，而不是為了來聽諮商師的困擾。 |
| 當事人知道諮商師也會有類似的適應困難，就能更自在地討論自己的問題。 | 諮商過程可能會變成發牢騷及抱怨問題而無助於個人成長。 |
| 當事人可以從模仿中學習，從別人的經驗中學到解決自己問題的方法。 | 諮商師若太過認同當事人的困擾，可能失去客觀性。 |
| 諮商師可以是當事人的學習典範。 | |

### ＋知識補充站

　　自我揭露的目的是希望可以提供當事人新的觀點、示範有效技巧、平等或人性化治療關係、將當事人困擾「正常化」、給予當事人鼓勵或保證（Nelson-Jones，2005, p. 162）；或者以自己的相關經驗協助當事人了解自己沒有覺察到的部分；讓當事人可以在不具威脅的情況下聽聽自己的經驗；以及可以讓助人關係的權力趨於平衡（Hills, 2009/2013, pp. 239-240）。

# 2-21 具體化技巧、解／詮釋

具體化就是化抽象爲可接觸／近的實體。有時候當事人或是諮商師所說的較爲抽象，讓對方很難想像、意會或是了解，可能就需要將所陳述的內容舉例說明，或是用較容易理解的方式呈現。像是對於較年幼的當事人，配合其發展階段、說出清楚明白的話是很重要的，要不然孩子就會困惑，或是以「不知道」來回應，甚至回應錯誤，這都可能無助於正確資訊的獲得、也無益於治療關係的建立與進展；有時候諮商師或當事人的用語太學術或艱澀，雙方都需要以更淺顯易懂、具體的方式溝通。

在當事人無法明確表達自己的想法或情緒時，諮商師可以列出一些選項讓當事人選擇，也是具體化的一種；有時候當事人表達可能不清楚，也可以將其作較爲具體的描述，並以猜測的語氣來確認。具體化可以是舉例、打比方、使用水晶球或是奇蹟式問句、列出未來目標或行爲、想像等（邱珍琬，2022, pp. 181-187），若是意識到可能有危機情況發生，具體化地了解當事人的情況是採取行動的重要依據，不可以含糊帶過、錯失處理良機！

**解釋**（interpretation）就是超過當事人所陳述的或知道的，諮商師呈現對當事人行爲、思考與感受的新意義或解釋，讓當事人可以從新的角度看問題（領悟）（Hill, 2020, p. 254）。諮商師

蒐集到足夠的資訊時，可以做暫時性的解釋，精神分析學派的作法是能夠連結當事人過去經驗與現在的評論。解釋當然不能以諮商師的解釋爲唯一，當事人可以不同意，只是將其當作參照，因此使用「暫時性」的陳述較佳。解釋除了要注意當事人的準備度之外，還要遵守適時及由淺入深的原則（Corey, 2005, p. 71），若治療師所說的內容引起當事人的困惑時，也可能需要做解釋。「解釋」也可以成爲深度的「詮釋」，像是與當事人幾次晤談之後，可以說：「聽起來你／妳是一個很ㄍㄧㄥ的人，即便是知道自己需要求助了，卻還是放不下身段。」因爲是「暫時性」的解釋，所以可以由當事人自己去做認可、修正或否定。一般的情況下，諮商師在探索與蒐集資料階段，較少使用解釋的技巧，因爲治療關係尙未穩固，而所知道的又太少，若是妄加解釋，可能會犯錯，甚至讓當事人認爲諮商師躁動，在未清楚事情全貌之前就下論斷，也就不會信任治療師，可能會提早結束治療。

詮釋需要治療師與當事人一起合作，治療師或許提供了最初步的解釋，但是仍要經過當事人認可與否、再做修正，若詮釋是正確的，當事人還會加上一些新的資訊，或將詮釋延伸運用到不同場域裡，讓他／她有更多的了解。

## 具體化示例：

**1**  當事人：「我說不出那個感覺。」 　諮商師：「像是胸口悶悶的、透不過氣來？還是像要爆炸一樣？」

**2**  當事人：「我只是要讓自己快樂一點！」 　諮商師：「你想要讓自己感覺好一些、還是有其他目標想要達成？」

### 具體化的可能做法：

- 列出個人或是決定之優劣點。
- 分別列出「喜歡」與「應該」。
- 分別列出「想要」與「需要」。
- 畫出時間大餅。
- 想要完成事項三十件。
- 目前擔任的角色，並標示出最重要前三項。

## 詮釋示例：

**1**  當事人：「我只是害怕以後會怎樣？妳看我爸媽的關係就知道。」 　諮商師：「所以妳選擇在對方可能拒絕妳之前先拒絕，也許這樣會讓妳保留自我、不必承受不被喜歡或接受的結果？」

**2**  當事人：「你/妳知道很難嗎？不想要夾在中間裡外不是人，可是卻什麼都做不了。」 　諮商師：「兩個人你/妳都愛，只是他們只專心在傷害彼此，身為子女的你/妳，有什麼比這更痛的？」

### 使用詮釋注意事項（Brems, 2001, pp. 282-283）：

- 要在治療關係穩固後才做。
- 要在運用一些認知策略成功後才使用。
- 要以尊重、溫和的方式詮釋。
- 要減輕當事人可能的防衛或抗拒。
- 詮釋應針對不同當事人量身打造。
- 應針對當事人的「整個人」（而非「部分」）做相關與尊重的詮釋。

- 只做部分的詮釋可能會失焦，也造成當事人對於治療本身或諮商師的誤解。
- 詮釋時要注意「具體」與「直接」的原則。
- 若當事人在認知彈性與客觀程度上，或抽象思考方面，尚未具備適當能力時，使用詮釋可能事倍功半。

**+知識補充站**

詮釋也受到適時與否及文化的影響，其準確性還是要看當事人是否同意，因此治療師的詮釋較像是「工作假設」（working hypothesis），也就是需要進一步驗證（Hill, 2020, pp.265）。

# 2-22 認知重建、點出當事人的模式

有學者將諮商技術分成認知、情感與行動三類，當然還有建立治療關係的技巧。**認知重建**適用於當事人有認知謬誤時，像是認知混淆（cognitive fusion）（認為所想的就是事實）、自動化思考（依據不完整的資訊而形成的扭曲思想，如「每個人都看不起我」、「我根本無法取悅她」），以及「應該」和「必須」（Chen & Giblin, 2018, p. 134）（如「我應該要好好放鬆」或「我必須要完美，要不然就沒有價值」）。如 Aaron Back 所言，憂鬱症患者對自己、周遭世界與未來，都抱持著負面思考（所謂的「憂鬱三角」），這些謬誤可能是因為家庭灌輸或自我灌輸而形成，可以藉由舉證或找出反證、辯論、實驗、反思自己的想法、從他人觀點看事情等方式，讓當事人覺察與檢視自己的思考，而不再執著於固定的思維或框架。可使用挑戰或辯論，也可以使用「自我對話」，讓當事人從正反兩面的思維開始對話，或許會找出一些矛盾或蛛絲馬跡。對於當事人所說的「必須」與「應該」，可以用其他的語言替代，像是將「我必須」改成「我期待／希望」，或是將「我應該」改成「我想要」，不僅壓力會減少，也可以看見前景與希望。

當事人有時候重複的主題或模式，這些模式包括人際互動模式、思考信念、核心情緒或習慣性行為（Teyber, 1997, cited in Brem, pp. 236-237）。像是與人互動時，會認為對方是在貶低自己或難討好，因而不願意與人更靠近；或是認為自己很容易相信權威，是因為沒有自信之故；或是當事人在不同情境底下都容易憤怒；或是習慣等大家都說完了、再提自己意見，卻發現別人沒有空聽她的。**點出當事人的這些模式或主題**，或許也可以讓當事人有所頓悟，或至少覺察到；若同時發現這些模式缺乏彈性或不切實際，也許就是改變的起點，接下來與當事人商議如何行動做改變，成功率就大增。

在諮商過程中，當事人最容易呈現的就是他／她的人際互動模式（反之，對諮商師亦然），諮商師可以從當事人所敘述的內容或故事，找到一些可循脈絡，可以猜測看看，倘若這樣的模式可能是造成其困擾因素之一，不妨深入探討這些重複模式對自己生活的影響；當事人之所以有這些行為或想法，可能是在之前的生命過程中，為了適應或解決面對的議題而產生的，只是時空變化，原先的方式或許無效了，甚至會妨礙自己的生活與功能，諮商師協助當事人看見其他的選項或做法，就有機會打破這些不適用的模式或運作、改變生活。

**小博士解說**

認知重建的目的在於減少、修正或替代當事人扭曲的認知，當事人與諮商師一起檢視當事人的邏輯與知覺，並驗證其可信度（Gilman & Chard, 2007, p. 248）。

## 認知重建示例：　X

**1.** 當事人：「完了完了！我忘了去接我姊姊了！」

諮商師：「妳姊姊會在原地一直等妳、化為冰柱？」

當事人笑道：「沒有啦，我姊又不是不能動的植物人。」

諮商師：「所以她是一般人，會想辦法吧？頂多看到妳時臭罵妳一頓！」

---

**2.** 當事人：「我非得第一不可！」

諮商師：「什麼樣的第一？前面數的、還是後面數過來的？」

當事人：「當然是前面數的！」

諮商師：「這是你要的第一、還是有人要求？」

當事人：「算是我自己的吧。」

諮商師：「算是？也就是說不是百分百是你的期待。我很好奇，得第一可以獲得什麼你想要的？」

當事人：「榮耀、光彩、別人羨慕的眼光。」

諮商師：「你在其他方面也可以得到榮耀、光彩與別人羨慕的眼光嗎？」

當事人：「其實成績只是其一，但是壓力很大。」

諮商師：「你自己的感受呢？會害怕從高位掉下來？」

## 點出當事人的模式示例：　X

**1.** 當事人：「我會想到，萬一要是對方覺得我很笨該怎麼辦？」

諮商師：「所以，是不是你在還不知道結果之前，就會先自己責怪自己，把最壞的都想好了？」

---

當事人：「他怎麼可能會喜歡我？我什麼都不好！」

**2.** 諮商師：「所以當他表明對妳有興趣，甚至想要約妳出去，妳會先想到自己不夠好？覺得自己不值得？」

當事人：「對呀，我這種人也不傑出、不亮眼，他憑什麼喜歡我？」

諮商師：「所以妳認為要亮眼、傑出，才會被喜歡，其他的特質呢？」

＋知識補充站 ••••••••••••••••••••••••••••••••••••••••••••••••••••••••••••

　　有時候，當事人其實是意識到自己的重複模式或習慣，卻難以改變，或許諮商師就需要進一步去探索：當事人害怕改變的背後是什麼？可不可能擔心會失去什麼？

## 2-23 挑戰與面質、促成改變

挑戰與面質對許多人來說，可能是會破壞關係或是具攻擊性的，然而適當、適時地使用，卻可以讓諮商更深入、當事人有所覺察，並促成改變。使用挑戰可以是指出不一致處（discrepancies），不管是言行或行為（如前後表現得不一樣）、言語（如前後說的不一樣）之間。挑戰可以用問問題的方式為之，或聚焦在非語言的行為上，使用雙椅法（如勝利與失敗者），使用幽默（誇大可以讓當事人看見）或沉默（讓當事人為所說的負起責任，但要在治療關係穩固時使用較佳），改變語言（如當事人常用「他」，邀請當事人改成「我」；把「不能」改成「不願」等）（Hill, 2020, pp. 233-242）。當諮商師觀察到當事人不一致、有偏見或盲點、認知扭曲、自我挫敗、有託辭或逃避等情況時，就可以使用挑戰和面質技術（Chen & Giblin, 2018, p. 183）。使用挑戰或面質要注意時機、文化考量、移情或投射、觀察當事人的反應以決定其影響（Hill, 2020, pp. 242-243）。有些準諮商師被老師提醒挑戰或面質最好是在治療關係穩定之後才使用，其實並不一定，主要視使用的時機是否恰當、目的為何、當事人反應如何？而挑戰也是可以讓晤談更深入的技巧之一。

諮商的最終目的是**促成當事人的改變**。改變是緩慢的歷程，不可能在一夕之間就有大的變化，況且若改變來得太快、太大，不僅會驚嚇到當事人，也會讓其周遭重要他人錯愕，甚至不能接受，而抗拒或抵制當事人的改變。促成改變除了讓當事人在情緒上有所準備（比如有動機與躍躍欲試的心情）之外，其他的技巧有探索選項或選擇、預演或試驗新的行為（Geldard & Geldard, 1997, pp. 78-82）。當事人在遇到生活的困境時，常常會鑽牛角尖或是有「隧道視覺」，也就是看不見其他的選項，諮商師可以與當事人一起找出其他的選擇或做法，並了解每個選項的優缺點。在探索選項的時候可以做的是：權衡選項的優劣點、做行為改變可能的危險、對於得失有實際的評估，以及了解其他人對於改變可能有的反應（Geldard & Geldard, 1997, p. 80）。促成改變除了之前提到預演或是角色扮演的方式之外，家庭作業也是試驗新行為的一種作法。

治療進入工作期，當事人對諮商師有相當程度的信任或是自己有一些領悟時，就會開始做一些改變，也許改變幅度不大、但是都值得留意。治療師可以從給當事人的觀察作業、做點不一樣的事等小小步驟開始，讓當事人試驗新行為、嘗試做改變的準備，或是將目標切成可管理的一小塊就更可能完成。Hill（2020, pp. 350-370）提供行為主義的改變步驟：釐清特定問題、探討可能的行動、評估之前改變的嘗試與可用資源、重新釐清與定義問題、一起商議可用的選項、評估與選擇要用的選項（與決定增強物）、執行計畫、檢視進度。當然還可能需要修正計畫，讓執行更有效。

## 挑戰 / 面質示例： X

1. 當事人：「今天就不要談這個了。」
   諮商師：「上一次我們晤談時你很在意對方的感受，現在不一樣了，是發生了什麼事了嗎？」

2. 當事人：「對呀，我有很多朋友，他們都說我很帥！」
   諮商師：「你的確帥氣。除了帥，還有其他值得你驕傲的嗎？」

### 面質的模式（Berg, Landreth, &Fall, 2006, p. 70）：

- 對話的
- 體驗式的
- 鼓勵當事人採取行動
- 面質當事人之優勢
- 面質當事人的弱點

## 探索選項示例： X

1. 當事人：「我如果再調不回去台北，就沒有機會了。」
   諮商師：「如果申請調到台北、跟先生一起自然最好，也可以一起照顧寶寶、夫妻不用分居兩地。可不可能把請調當作打棒球？不要期待一下子就擊出全壘打、直接調到台北市，而是調到比較靠近台北的地區？然後再慢慢接近最終目的地？」

2. 當事人：「他真的太欺負人了，揍他是便宜他了！」
   諮商師：「揍他雖然給了他一個教訓，但是他會就此停止找你麻煩了嗎？有沒有其他的方法，可以讓你以後不必一直要處理他的事？像是之前你提的 在其他同學也在的時候，跟他好好說，讓其他人也作證？」

### 改變的階段（Krebs, Norcross, Nicholson, & Prochaska, 2018, cited in Corey, 2019, p.83)：

| 改變階段 | 說明 | 諮商師扮演的角色 |
|---|---|---|
| 前思考階段 | 當事人在可見的未來無改變行為之意圖。 | 擔任滋養的父母 |
| 思考階段 | 當事人覺察到問題、也思考要克服，但是尚無採取行動的承諾。 | 蘇格拉底式的教師 |
| 準備階段 | 當事人想要在最近採取行動，也提到了一些小改變。 | 有經驗的教練 |
| 行動階段 | 當事人採取行動，並修正行為、體驗或環境來解決問題。 | 諮詢者 |
| 維持階段 | 當事人努力將改變維持下去，並預防復發。 | 諮詢者 |

+知識補充站 ••••••••••••••••••••••••••••••••••••••••••••••••••••

新手諮商師不太敢用挑戰或面質技術，因為擔心得罪當事人或當事人不喜歡自己、也許就不出現了。然而適當地使用挑戰或面質，可以讓晤談更深入、不在原地打轉，也給予當事人一些思考或反省的空間。「挑戰若無支持，是嚴厲而不公平的；支持無挑戰，可能會造成空泛、無生產性的結果。」（Egan, 2013, cited in Chen & Giblin, 2018, p. 183）

# 2-24 意義反映、家庭作業

針對當事人所說內容或故事的意思／意義做回應，也就是要抓住當事人所說的重點或潛藏的意思。**意義反映**（reflection of meaning）不僅展現諮商師的專注傾聽與了解，有時候會進一步讓當事人理解與頓悟自己思考、感受或行為背後的動機與意義。因為當事人有時候並不了解自己為何有這些感受或想法，諮商師可以點出自己的看法與觀察，或許可以拓展當事人視角或提供當事人思考方向。意義反映也可以說是回饋（feedback）的一種，諮商師針對當事人所言內容，摘取重要意義，並將其反映給當事人知道，也可以讓當事人檢視內容是否無誤？有時候當事人真正的意涵或許他／她自己也不清楚，但是經過諮商師的解讀與摘要，協助當事人看見自己行為背後的真正意義或目的，這樣的反映連幼小的孩子都可以了解。像是六歲的小昇，本來是母親眼中的乖小孩，但是最近父母親要離異、他卻常常有行為問題，有一次小昇不小心惹怒了媽媽，此後就常讓媽媽生氣，諮商師回應道：「你不是要惹媽媽生氣，而是想要以前的媽媽回來？」

**家庭作業**（homework）可以延伸諮商處置到晤談時間之外（Chen & Giblin, 2018, p. 144），家庭作業還具有連結諮商效果、催化當事人行動，或是實驗與練習、打破當事人認知上的障礙，並促成改變等功能。通常是晤談結束前，諮商師與當事人商議家庭作業，而家庭作業也可以是每一次晤談的第一部分，諮商師詢問當事人上次作業的完成情況與心得（或困難處），藉此連結或刷新上次的晤談與記憶，甚至檢視當事人目前改變或進步的情況。理情行為學派最著名的就是家庭作業，可以讓當事人做觀察、小步驟改變，或是表現出與以往不同的一個行為。Chen 與 Giblin（2018, p. 144）將家庭作業分成覺察、認知治療、行為啟動、焦點解決與行為導向等；Selekman（1997, p. 33）從焦點解決的觀點，提到家庭作業可以是預測的（如預測明天是否過得順利）、做不一樣的事（如不立刻回宿舍，而是到圖書館轉一圈）、假裝奇蹟發生或問題解決了。

請當事人紀錄與監控自己的想法與感受，或是撰寫重要大事紀／覺察週誌，讓他／她可以慢慢學會自行管理的技巧，或是藉由閱讀與書寫作療癒，都可以是家庭作業的模式。家庭作業也讓諮商師發揮創意，配合諮商進度、設計有助於諮商目標的作業，當然，也要注意當事人是否有能力及時間完成、當事人的個性如何，以及諮商目的為何。最好的家庭作業是由當事人與諮商師共同決定，這樣當事人的執行率會更高，有助於達成諮商目的或增加諮商效果。

**小博士解說**

有時候反映了當事人的意圖（intention），更容易讓當事人感受被了解；而所謂的「意義反映」也是點出了當事人行為或是想法背後的考量與目的。

## 意義反映示例： ☒

**1.** 當事人：「你知道她怎麼說嗎？說我老是囉嗦、重複一樣的事，她聽了都快瘋了！有女兒這樣對母親說話嗎？」

　　諮商師：「身為母親，妳將自己所能做的都努力做到，不想要孩子後悔或犯錯，所以頻頻叮嚀。」

- - - - - - - - - - - - - - - - - - - - - - - - -

**2.** 當事人：「兩個人在一起，好像不能交心、只是在一起而已，可是我也不知道該分手還是停留？自己可以有更好的選擇嗎？」

　　諮商師：「你提到自己在這段關係中很矛盾，但是又擔心分手後，自己還能不能找到更好的對象？」

## 家庭作業的類型（不限於此）：

**▌觀察作業**

藉由觀察來學習，或是比較自己「認為」的與實際有所不同。

- - - - - - - - - - - - - - - - - - - - -

**▌反思作業**

藉由日誌或紀錄做自我反思。

- - - - - - - - - - - - - - - - - - - - -

**▌手動作業**

讓當事人嘗試一下，破除「知易行難」的迷思，還有繪畫、創作詩詞都是。

- - - - - - - - - - - - - - - - - - - - -

**▌做不一樣的事**

讓當事人了解改變不難。

**▌情緒作業**

練習冥思或正念的技術，感受到情緒與身體的關聯。

- - - - - - - - - - - - - - - - - - - - -

**▌認知作業**

記錄自己的想法、看見其他轉圜之處。

- - - - - - - - - - - - - - - - - - - - -

**▌行動作業**

嘗試將目標切成小塊、一步步去完成，也增加當事人之成就感。

## 協調家庭作業（Nelson-Jones, 2005, pp. 232-235）：

✎ 要與所談議題有關。

✎ 與當事人一起合作商議。

✎ 讓家庭作業是可以進行、處理的。

✎ 慢慢增加家庭作業之難度。

✎ 確定當事人紀錄與了解家庭作業的重點。

✎ 在兩次晤談間開始家庭作業。

✎ 對於當事人未能完成家庭作業要有所準備。

✎ 強調學習的經驗。

✎ 在下次晤談時，展現出對當事人家庭作業的興趣（要記得追蹤）。

## 2-25 語調的使用，與當事人同頻

諮商師訓練中較少提及語調的使用，由於諮商通常會被視爲是「談話治療」（talk therapy），可見諮商師的說話與溝通技巧非常重要，當然溝通裡的許多元素都需要注意。當諮商師在教導當事人正念或冥思的技巧時，語速就要放慢、兼顧到當事人／團體成員的狀況，引導其進入情況。有些諮商師平日說話較急促，可能就需要做一些改變，要不然所謂的「放鬆技巧」就會變成「焦慮技巧」；在當事人有情緒出現，甚至哭泣時，諮商師說話的速度及語調也可以稍作調整，穩定、平靜可以安撫當事人的心情，同時也表示了諮商師與當事人同在。鼓勵的話語要有活力、中氣十足，好奇的語調要拉高一些、但不宜刺耳，也就是諮商師可以運用的除了語言之外，還有許多前語言及語調。

有些諮商師會習慣聽、少回應，也可能會讓晤談氣氛很「乾」、無趣，有諮商師說話語調較爲平淡、無高低起伏，也有催眠之效果，有諮商師說話急促、顯現焦慮，可能也會連帶讓當事人緊張、不知如何是好？這些都是可以克服的部分，諮商師可以學習改變與修正，讓諮商過程更豐富、有活力！說話的語調可以激／鼓勵、安撫或輕鬆、嚴肅，在適當時機使用，可以讓諮商過程更順暢！

新手諮商師通常會希望趕上當事人的腳步，因此傾聽很重要。在諮商師越來越有經驗時，就要注意與當事人同頻（pacing tuning），因爲諮商師或許在了解當事人的一些故事與脈絡之後，會較快做假設，甚至有接下來的處置動作出現，然而在當事人還沒有準備好之前，這些動作的效果不佳，也可能會讓當事人覺得諮商師在還沒有了解他／她之前，就做了倉促舉動或建議，反而會破壞了治療關係，甚至流失當事人。有人形容諮商是諮商師與當事人共同的旅程，既然是共同的旅程，就需要「一起」，而不是一前一後，或是讓後方的人追趕。諮商師可能趕在當事人前面，或是諮商師要追趕當事人，所以諮商師需要機動式、適時地調整自己的步伐，與當事人同行，當事人才會感受到諮商師的臨在與陪伴。

當事人在激動或哭泣時，諮商師可以等一等、緩一緩，不需要立刻接話或安慰當事人，這樣的等候，可以安當事人的心，或許有些當事人會覺得不好意思，而說出抱歉的話，諮商師可以道：「沒關係，這是正常的。」或：「我在。」有機會讓當事人宣洩情緒，或是梳理一下自己的思緒，接下來的路會較爲平順。諮商師也不要「趕」當事人，要他／她的進度快一些，因爲在諮商中，當事人才是主角，而不是按照諮商師的議程或計畫走。

## 語調的使用示例：　　　　　　　　　　　　　　　　　　　　X

**1.** 當事人因為情緒激動痛哭。

諮商師等候了一段時間，然後緩緩道：「沒關係，我在。」

- - - - - - - - - - - - - - - - - - - - - - - - - - - - - - - - - - - - - - - - - - -

**2.** 諮商師與當事人一起檢視當事人在諮商過程中的進步。

諮商師笑著說：「妳也看到自己的努力，雖然辛苦、但是值得！」

## 同頻示例：　　　　　　　　　　　　　　　　　　　　　　　　X

**1.** 當事人說想要讓自己快樂一點。

諮商師詢問道：「有沒有具體的事情可以描述一下？」

當事人說：「你說的是什麼？」

諮商師說：「像是生活，哪裡跟現在不一樣？或是與家人關係……。」

- - - - - - - - - - - - - - - - - - - - - - - - - - - - - - - - - - - - - - - - - - -

**2.** 當事人說：「我只是希望有人可以多了解我一點，而不是只要求我做什麼。」

諮商師說：「妳希望特別是哪些人可以更了解妳？」

## 同頻表現在：

- 等候當事人統整自己的思緒。
- 等候當事人宣洩情緒。
- 忍受諮商的沉默。
- 調整諮商目標以符合當事人目的。

- 彈性調整自己的諮商風格，不是都很嚴肅或肅穆。
- 隨時檢視是否理解當事人所說、情緒反應是否正確。
- 與當事人諮商碰到瓶頸時，反思自己是否不敢冒險或深入晤談？

## 讓當事人遠離的說話型態（speaking style）（Chen & Giblin, 2018, p. 32）：

| | |
|---|---|
| • 漫無目的地閒聊 | • 在每一句要結束之前提高音量 |
| • 抽象化 | • 講太快 |
| • 使用單調的聲音 | • 理性化（沒有感受或情緒成分） |
| • 用太多字填補空白（像是啊、嗯、所以、然後等） | |
| • 使用有限的語彙（重複使用一樣的詞彙或句子） | |
| • 像排練台詞一樣（無抑揚頓挫或非發自內心） | |

**＋知識補充站** ●●●●●●●●●●●●●●●●●●●●●●●●●●●●●●●●●●●●●●●●

　　「同頻」也可以說是「同步」，諮商師的臨床經驗累積多了，或許步履就較輕快、迅速，有時候像是與當事人一起登山，諮商師已經快要攻頂了，當事人卻還在山底下披荊斬棘，此時諮商師就需要調整步伐，讓當事人有機會喘息，然後一起努力！

## 2-26 **評估與追蹤**（evaluation and follow-up）

諮商師的評估能力是在實際進行過程中學習最多，而不是從工具、量表或評量細節中學習而已（Kottler & Hazler, 1997, p. 59）。**評估**方式有許多，正式與非正式、發表、書寫或想像等。諮商師的「觀察」通常是評估的第一道，從當事人緊張、焦慮到卸下心防，與諮商師有較多的眼神接觸、表情自然且多樣，身體姿勢的放鬆與自在，話題可以自然產生、沉默與停滯減少，甚至會與諮商師分享自己的進步與作為，這些都是諮商有效的表現。諮商師當然也可以讓當事人說說每一次諮商的感受或心得，甚至是以量表或測驗方式進行評估；有時候可以運用社會計量的方式或是站位置，來了解當事人／成員的情況或近況。評估可以是在過程中的「形成性／過程評估」或是最後的「總結性評估」，這些資訊或回饋，都可以讓諮商師的專業成長更具體、有方向！

一般的（個別治療）諮商師較少接觸到當事人在治療結束後的回饋，而諮商師本身也很清楚諮商不會有「立竿見影」的效果，因此除非是進行研究，或是機構本身將**評估**列為流程之一，要不然諮商師較少做正式的諮商效果評估動作。然而許多諮商師在進行團體諮商之後，會較常以總結性的評估作結，通常是在最後一次團體作結束動作時，以討論、分享、祝福或是填寫回饋單的方式進行，較有心的團體領導會在每一次團體進行後，請成員做粗略簡單的回饋，這樣就可以較有彈性地為下一次團體內容或活動的調整與改進做努力。諮商師還可以做「追蹤評量」了解當事人的近況，或是需要進一步協助的可能性。即便已經轉介當事人到其他專業人員處（如社工、身心科醫師、職業復健師、律師或其他諮商師），諮商師依然可以在自己職責範圍內做適當的追蹤及輔導（特別是學校的專輔教師，因為學生還在學校），而不是轉介完就了事，這樣有拋棄當事人之嫌，而且這才是真正服務當事人。

評估是一個持續性過程，隨著問題呈現或個案概念化而有改變（Hackney & Cormier, 2009, p. 119）。初期的評估有助於諮商師對於當事人問題形成假設，而在諮商過程中的評估，可以讓諮商師了解與當事人的治療關係、跟進與檢討介入的成效，也可協助當事人檢視其需求與諮商目標的達成度；而總結性評估還可以知道諮商機構提供的服務滿意度如何。倘若諮商師注重評估，對於其在專業知能與效果的進展有極大提升，因為總是有機會去調整與修正自己的處置計畫或進行方式，當事人也會感受到諮商師的用心與努力、願意合作及積極投入，讓改變發生且持續、自我與生活更適意。

### 評估的功能（Seligman, 2004, cited in Hill. 2009/2013, pp. 98-99）：

◎ 簡化資訊蒐集過程。
◎ 讓諮商師可做正確診斷。
◎ 發展有效的處遇方式或計畫。
◎ 決定當事人是否適合特殊的處遇計畫。
◎ 簡化目標設定、評估進度。
◎ 提升對當事人性格之洞察、釐清其自我概念。
◎ 評估環境因素。
◎ 提升諮商及討論之聚焦與相關性。
◎ 指出若干事件可能發生（如工作或學業成就）。
◎ 將當事人的興趣、能力與性格轉化為與職業有關的名詞。
◎ 創發選擇與選項。
◎ 催化計畫與做決定過程。

### 以當事人的回饋作為評估參考：

• 懷著感謝的心情。

• 以真正的「無記名」方式進行回饋（不能辨識出書寫人是誰）。

• 諮商師希望當事人誠實回應。

• 不要期待只有正向的回饋。

• 不將負面回饋「個人化」。

• 將當事人的回饋作為自己接下來工作的改進參考。

• 客觀地檢討自己在個別／團體諮商的所言所行。

• 進行具體的改善計畫與行動。

## 以「想像」方式評估當事人的進步示例：

當事人幼時受到父親性侵、連續超過十年，等到中年之後，才接受個人治療。其主訴問題是親職功能不彰、又有情緒困擾，甚至有幽閉恐懼症，雖然有親密關係、但是都不滿意。諮商師與當事人初談不久，當事人就想起了自己幼時的性侵事件，諮商師請其想像自己的模樣，當事人道：「我看見一個小女孩，大概五、六歲，蹲在角落裡哭泣、很孤單。」

四個多月後，諮商師請當事人描述自己的情況，當事人說：「我看到那個小女孩，於是我走進去、抱著她、告訴她『不用害怕，我在』。」

# 2-27　結束技巧

結束技巧不只是用在個別諮商，在團體諮商亦同。結束也是一個潛在教育，說明了人生的現實面，有開始就有結束，因此要好好開始、好好結束，以減少遺憾。結束也是讓當事人與諮商師可以結束一段關係、重新開始新的旅程。團體諮商時會提到如何結束，畢竟是同時與多位成員互動，倘若其中一人需要提前離開團體（不管是主、被動因素），團體領導就要為這位即將離開的成員與全體成員，好好做一次結束動作。結束是一種失落經驗，理應好好處理，不要讓當事人有被遺棄的感受或落下未竟事務，必要時也要做轉介動作。

結束治療關係不容易，也可能會引發當事人或治療師的舊創或過往經驗；諮商次數多、時間長，就更需要花時間做結束動作，即便每一次晤談都好好開始與結束了。結束時一般有三項工作要做：回顧、展望未來與說再見（Hill, 2020, p. 412）；回顧諮商過程中的重大事件，展望未來的具體計劃與行動，以及好好說再見、結束一段關係。

諮商結束前的過程中，可以提醒當事人還有幾次晤談，或者是評估當事人的進步，而在最後一次晤談，最好能夠有充足的時間做結束動作，用來處理彼此可能會有的情緒及未竟事務；而對於有痛苦失落經驗的當事人而言，可能是另一番挑戰，需要審慎處理。在回顧的過程中，可以與當事人談談已有的學習和改變，當事人也可以提供諮商師在治療

過程中最有效與最無效的面向、鞏固其學習與讓改變持續；展望時可以與當事人擬定未來規劃，以及是否持續需要治療，同時檢視當事人生活中有那些支持網路，可以協助其持續做改變；說再見是共同分享面對離別的情緒，並正式告別（Hill, 2020, p. 412）。此外，在結束時還可以與當事人商議：若有復發狀況時，可採取什麼動作或尋求協助？還可以給予彼此祝福。有些當事人在結束時，會有擁抱或是送禮的儀式，這些也需要諮商師做謹慎考量，並與當事人說明清楚。

在團體結束時，可能需要花更多時間，切記不要因為書寫而耽擱時間！若是成員建議要用書寫卡片、留下紀念的方式告別，就在前一次團體時宣布，讓成員在家做好準備、撰寫好帶來；倘若成員堅持要餽贈彼此小禮物，最好將禮物的市值說明清楚（如價值在台幣一百元左右），不要讓成員有不公平的感受。結束時留給當事人或團體成員一些書寫的卡片或是小冊子，對當事人／成員來說可以是經驗的印記、回憶的資料，也可以在未來當事人／成員不得志時，用來提醒自己的能力、優勢的希望和支持。

有學者建議與兒童做諮商時間不宜太長期，以免讓其仰賴諮商師，負責任的做法是：即便結束治療關係，仍然要固定做追蹤動作（Geldard & Geldard, 1997, p. 83）。

## 結束諮商可能時機：

當事人部分（Tolan, 2003, pp. 138-139）

- 當事人回顧治療關係。
- 當事人回顧諮商過程。
- 當事人慶祝自己的成長／就。
- 當事人給予諮商師回饋。
- 當事人表示感激。
- 當事人關注到外面的世界與內心世界。
- 嚮往未來。

諮商師部分

- 諮商師發現／檢視當事人已達諮商目標。
- 諮商師看見當事人的自我強度已經成長茁壯，可以面對生活上的問題。
- 諮商師在有限次數內，已協助當事人達成大部分目標。
- 諮商師發現當事人已將所學遷移到日常生活中，並有進步。

## 結束諮商階段的任務（Chen & Giblin, 2018, p. 223）：

協助當事人評估治療進度，以及將所學應用在諮商外的場域。

協助當事人預期未來之挑戰，以及重整因應策略。

協助當事人結束治療關係。

## 提早結束治療關係（Chen & Giblin, 2018, p. 224）：

- 通常是當事人的選擇、應予以尊重。

- 為避免非預期的結束，應教育當事人直接說明他們在諮商過程中的經驗。

- 也要讓當事人知道：要讓治療有效，諮商過程中會遭遇到一些不舒服是正常的。

## 結束諮商的原則（Chen & Giblin, 2018, pp. 224-225）：

★除非是不可避免的情況，否則不要突然結束。
★在結束治療之前，與當事人討論結束過程（最好是有預設要結束的時間）。
★給予當事人再保證暫時地結束（有需要時還是可以前來），或減緩結束過程（像是將晤談間隔拉長）。
★協助當事人將治療結束視為畢業典禮。
★將分離視為前往獨立自主的道路。

## 做結束治療可能會出現的問題（Geldard & Geldard, 1997, pp. 81-84）：

- 當事人因焦慮而出現退化／縮的行為。
- 隨著治療結束越靠近、當事人可能會提出新的議題。
- 諮商師可能仰賴與當事人的治療關係，也擔心治療關係結束。
- 當事人的表現可能呈現沒有進步的情況，讓諮商師以為需要有更多的改變。

**＋知識補充站**

在結束做回顧動作時，可以將在晤談或是團體過程中的作品拿出來展現（將作品拍照也可以），這樣當事人／成員在回顧時會較容易憶起、整個氛圍也會輕鬆起來。

# MEMO

# 第三章
# 特殊技巧

不同諮商學派會有其較為獨特或特殊的技巧，諮商師都可以適當借用。

這個部分的特殊技巧會呈現一些學派獨有的發明，但是諮商師卻可以適時、適人地運用，增加諮商效能。

# 3-1　量尺問句、奇蹟問句、尋找例外

焦點短期解決治療的「量尺問句」（scaling questions），可以協助諮商師與當事人將諮商目標具體化、做設定目標之用，或是行動的指標，也可以作為評估進度／步之用。換句話說，量尺問句提供了當事人一個量化進度的方式，同時提供一個基準點，讓當事人知道自己與欲達目標間的位置或距離（Sklare, 2014/2019, p. 69）。

量尺問句讓當事人容易理解（De Jong & Berg, 2002/2006, p. 145）、有較為具體的想像或目標，目標越具體可行、達成的程度就升高，也會讓當事人有可預見的前景、有希望感。量尺問句用在團體諮商中，可以檢視成員與團體間的距離、可以修正的目標以及個人的開放度。

焦點短期解決的「奇蹟問句」（miracle questions），很適合讓當事人看見沒有問題的未來或是諮商目標為何？是一般諮商師可以運用的問句。它不是聚焦在問題上，而是「沒有問題」的未來，像是「如果你一覺醒來，發現問題不在了，會是怎樣的情況／你看到什麼？」一般情況下，當事人容易被問題困住，而限縮了解決問題的思考，當問題解決之後，會有哪些情況發生？正好給治療一個很好的目標讓諮商師進一步詢問，沒有問題之後，當事人的生活會呈現怎樣的一番景象？也給當事人一種期待與希望感。依據 Sklare（2014/2019, pp. 41-42）所言，奇蹟問句是以具體、有特定細節的語句澄清目標，同時創造出「沒有問題」時當事人的生活會是如何的圖像？也提供「心理預演」（mental rehearsal，也就是在心理上會先演練）的機會，來討論當事人會做些什麼以達目標？

以往的治療師較常詢問問題所在與起源、因素，感覺都在負面的情境裡徘徊、會讓人沮喪，而焦點解決的「尋找例外」（looking for exceptions），就是提點當事人曾有的優勢與能力、點燃希望感，讓治療邁向「可解決的未來」、將當事人導向問題解決的方向（Anderson, 2003）。若是聚焦在負面，容易讓人沒有改變的動力，而「尋找例外」蘊含著正向的力量，就是問題解決的開始！倘若沒有重大的成功例外，也可以聚焦在問題較不嚴重，或失敗沒有持續的時刻（Sklare, 2014/2019, p. 60）。此外，諮商師不僅是以奇蹟式問句來設立目標，還會多加一項協助當事人辨識出「地雷區」，也就是當遇到阻礙時可以怎麼做？也可以是一般所謂的「預防復發」。「尋找例外」之後，諮商師可以指派當事人：讓更多例外持續發生，注意並繼續做對當事人有效益之事，以及提升目前量尺標記（如現在位置是 5，要到 6）所需要做的事（Sklare, 2014/2019, p. 82）。

**量尺問句示例：**  X

**1.** 諮商師：「現在如果從1到10，1是煩惱最少，10是煩惱最多，你現在的煩惱是多少？」

當事人：「8。」

諮商師：「如果進步到7，你會看到什麼？」

當事人：「我比較不會生氣，也不會跟弟弟吵。」

諮商師：「所以你很清楚要怎麼做？」

當事人：「我會讓弟弟，如果他要玩我的玩具，我可以借給他一下子。」

- - - - - - - - - - - - - - - - - - - - - - - - - - - - - - - - - - - - - - - - - - -

**2.** 諮商師：「從1到10，1是最不嚴重、10是最嚴重，你認為自己以前是在哪裡？」

當事人：「大概是7。」

諮商師：「現在呢？」

當事人：「5左右。」

諮商師：「妳是怎麼辦到的？」

當事人：「我就是少花時間在哀嘆自己的人生，起來找一些事情做。」

諮商師：「找哪些事情做？」

當事人：「像妳說的，走出房間、不要困在那裡，至少去曬曬太陽、看看人，也做一些家事。」

諮商師：「其他人也注意到了？」

當事人：「對，我先生說我會笑、還會找話題跟他聊，雖然不多。」

## 奇蹟問句示例：

 諮商師：「如果你一覺醒來，發現問題都不見了，會看到什麼？」 當事人：「媽媽會笑，我也會高高興興去上學。」

 諮商師：「如果有一天你一覺醒來，發現擔心的問題都解決了，妳會看到什麼不一樣的？」 當事人：「我在工作的時候同事們都很友善，我們還可以嘻嘻哈哈開玩笑。」

## 尋找例外示例：

 當事人：「反正我就是覺得不快樂。」 諮商師：「你有沒有曾經體驗到稍微快樂或是沒有那麼不快樂的時候？」

 當事人：「我們就是大吵或冷戰、就是彼此無法面對面好好談。」 諮商師：「想一想曾經有過至少共處一室還可以忍受，或是也無風雨也無晴的時刻？而不是大吵或冷戰？」

# 3-2 循環關係 / 反循環關係問句、因應問句 與影響問句

　　許多當事人來談初期都希望他人改變，彷彿自己是受害者、無力改變現狀或困境，協助當事人了解人際間的互惠（reciprocity）循環。也就是自己行為的改變會引發他人行為的改變（Sklare, 2014/2019, p. 46），較容易鼓勵當事人採取行動做不一樣的事，而不是希冀他人改變。循環關係問句（reciprocal relationship questions）或是「反向循環關係問句」（reverse reciprocal relationship questions）也是焦點解決短期諮商所使用的技巧之一，強調的是人際間互動是互相影響、循環的，其主要功能是協助當事人預先看見在自己改變之後，其他人會怎麼回應當事人的改變，以及改變帶來的漣漪效應為何（Sklare, 2014/2019, p. 43）？有時候，也可以邀請當事人的偶像人物出現，看看偶像會怎麼說？如「如果 LeBron James 看見你的改變，他會說什麼？」

　　「反循環關係問句」正好與前面的相反，也就是當事人盼望的奇蹟發生或事情改變之後，當事人對此的反應如何？換言之，就是從另一個角度看當事人會怎麼做改變？循環關係問句之後，可以問一些更具體的細節，讓目標的執行更容易，就像是我們問：「你想要做什麼？」「環遊世界。」接著可以問：「最先想去的地方是哪裡？預計何時動身？需要的準備為何？」一步步讓目標更明確、行動更具

體，可以實現的機率就大增！採用循環關係問句，可以協助當事人看見自己對他人的影響，以及他人對自己的影響，少了許多譴責意味，也是提醒當事人：人生活在關係中，生命也影響生命。

　　我們希望對自己與問題有掌控感，至少不是全然失控、無法作為，要不然很容易有無力、無助感。因應問句（coping questions）是試圖將當事人的注意力，從生活中負面事件或恐懼、悲慘的情境中移開，重新聚焦在當事人處於痛苦情境中存活的方法與策略上（De Jong & Berg, 2002/2006, p. 296）。焦點解決學派使用的因應問題，可以讓當事人有自我控制生活的感受（Berg & Steiner, 2003, p. 30），即便情況依然、沒有進步，諮商師也可以問：「你 / 妳是怎麼辦到的（讓情況沒有更糟）？」

　　影響問句不是要用來譴責當事人，而是協助他 / 她看見問題對自己的影響，這樣的問法也可以讓當事人拉開一段距離來審視自己的情況，而不是只看見自己是問題的受害者，同時也了解到自己可以有影響力 / 力量。因應問句像是：「你 / 妳是怎麼辦到的？」「你 / 妳是如何應付這件事的？」「你 / 妳是怎麼讓自己撐過來 / 撐這麼久的？」「你 / 妳是怎麼忽略那個聲音的？」

**小博士解說**

　　關係問句是很好的一種問法，可以讓當事人從重要他人的眼光或視角來看當事人的行為或改變，當事人會在乎重要他人的意見或看法，間接促動她 / 他願意做改變行動。就如同敘事治療的「重新入會」（re-membering）一樣，邀請重要他人見證當事人的優勢或改變。

## 循環關係問句示例：　　　　　　　　　　　　　　　　X

**1.** 諮商師：「如果有這麼一瞬間，你所擔心的事情不見了，誰會最先發現不一樣？」

　　當事人：「應該是我自己吧！」

　　諮商師：「怎樣的不一樣？」

　　當事人：「像是我精神很好，知道今天要做什麼事。」

　　諮商師：「做什麼事？」

　　當事人：「會幫家人弄早餐，還會邊聽音樂，然後到附近去找找我想要種的花，就像生病以前那樣。」

**2.** 諮商師：「如果有一天問題都解決了，誰會最先注意到？」

　　當事人：「一定是媽媽。」

　　諮商師：「為什麼是媽媽？」

　　當事人：「因為她不用像以前一樣跑來學校，跟同學說對不起。」

　　諮商師：「那你媽媽一定覺得輕鬆不少，甚至還會覺得驕傲呢！」

## 反循環關係問句示例：　　　　　　　　　　　　　　　X

**1.** 諮商師：「如果你的老闆賞識你的計畫時，你的反應如何？」

　　當事人：「我當然高興，表示她有眼光，終於看見我的能力了！」

**2.** 諮商師：「當同學不再排擠你的時候，你會怎麼做？」

　　當事人：「我就會跟他們一起聊天，不會跑出去跟別班的一起。」

　　諮商師：「還有呢？」

　　當事人：「我會跟他們一起玩，也會一起做功課，我也會把我喜歡吃的跟他們分享。」

## 因應／影響問句示例示例：　　　　　　　　　　　　　X

**1.** 當事人：「我只是想要那個漂亮的鉛筆而已！」

　　諮商師：「妳在沒有得到同學同意的情況下、拿了她的鉛筆，結果怎樣？其他同學怎麼說？」

　　當事人：「他們說我是小偷。」

　　諮商師：「還有呢？」

　　當事人哭了：「沒有人要跟我玩！」

**2.** 諮商師：「是在什麼樣的情況下發生的？」

　　當事人：「我叫我老婆好好管孩子，她卻說孩子又不是她一人的！」

　　諮商師：「她說的是事實嗎？」

　　當事人：「也是啦！可是她的態度不對。」

　　諮商師：「態度不對，你就出手打她？」

　　當事人：「我是男人耶，需要尊重。」

　　諮商師：「是人都需要被尊重。動手對老婆這樣，對你的影響是什麼？」

　　當事人：「就是家暴者、是一個打老婆的壞蛋！」

# 3-3 塑造其他的多元身分、外化的對話

敘事治療與焦點解決短期治療同屬於後現代治療，其技術也可以共通，當中有許多技巧可供使用。敘事治療提到一般人容易受到主流文化之影響，連問題的定義也是如此，像是異性戀是主流、其他性傾向就是非主流，「小偷」、「偏差行為」、「家暴者」是主流文化的定義，忽略了一個人的其他身分（identities）（如學生、兄長／姊姊），因此敘事治療師會詢問當事人喜愛的其他身分（如家暴者是個好爸爸），並加以重塑或加強（要有具體事例支持），但是要切記不是為當事人找藉口、甩責任。

塑造多元身分，事實上是塑造另一個不受主流文化的問題所影響、也是當事人「較喜愛的身分」（preferred identity），畢竟每個人都身兼不同角色身分（像是兒子、父親、丈夫、公司幹部、叔叔）是可以理解的，而每個人可能有較喜愛的那個身分；諮商師需要與當事人一起找尋新身分的證據，有時候也可以請其他人證（witnesses）出現、詳細提供描述與證據／支持，讓身分更明確、踏實！對照所謂的「建構性自我」（constructive selves 人有許多面向／角色，特別是面對不同的人時），讓我們清楚「核心自我」的模樣，也對自己的認識和了解更多！

Michael White（1989, cited in Corey, 2024, p. 478）相信「個人不是問題，問題就是問題」，因為將人與問題合在一起，讓人無法有效處理問題。**外化的對話**是將問題自個人認知裡分開，讓當事人不再固著於充滿問題的故事中，能夠發展出替代的建設性故事（Schneider Corey, Corey, & Corey, 2014/2014, p. 150），也就是將人與問題分開，讓當事人可以與問題拉開一段距離，看見問題對自己的影響，或自己對問題的影響，也可以解除主流文化的標籤或汙名、看到希望。使用問題來引出經驗，找到問題最初出現的時候、是如何影響當事人對問題的看法。

在進行外化問題時，先是標示出問題的影響（mapping-the-influence questions）（包括問題如何影響當事人的生活，以及當事人又是如何影響問題的，如「如果問題持續下去一個月左右，你會如何？」），讓問題無法全然掌控當事人，接著就要找出沒有問題的「閃耀時刻」（sparkling moments 如同焦點解決的「成功例外」），讓當事人看見不同的生活與希望（Corey, 2024, pp. 478-480）。詢問「當事人是如何影響問題」的目的，在於激起當事人想要改變的動力，同時也讓當事人承擔起自己對問題應負的責任。

**小博士解說**

外化問題的功效在於：減少人與人之間無建設性的衝突，減少失敗的感受，可以為彼此合作鋪路、共同對抗問題，打開新的可能性、個人可以採取行動恢復自己的生活，讓個人可以擺脫壓力與重擔、採取更有效的方式去解決問題；對問題而言，可以打開「對話」的可能性，而非個人之獨白（White, 1989, cited in Payne, 2007, pp. 55-56）。

**塑造其他多元身分示例：**　　　　　　　　　　　　　　　　　　　　　　　　**X**

**1.** 諮商師：「打老婆是不對的，何況你的力氣比她大多了、會讓她受傷！」

當事人：「我只是一不小心，沒有考慮到後果！」

諮商師：「所以你認為自己在情緒管理上需要努力、在行動之前先想想。我很好奇你對孩子如何？」

當事人：「我應該是一個愛孩子的好爸爸吧，我回家都會跟孩子玩、問他們的功課，也會安排全家出遊。」

諮商師：「還有呢？」

當事人：「我也會跟孩子說話、儘量陪孩子。」

諮商師：「孩子說你是怎樣的爸爸？」

當事人：「他們喜歡跟我一起，說我很愛他們。」

- - - - - - - - - - - - - - - - - - - - - - - - - - - - - - - - - - - - - - - - - -

**2.** 當事人：「我先生說我這個家庭主婦，連飯都煮不好。」

諮商師：「先生對於家庭主婦的定義是怎樣？」

當事人：「應該是吃飯時間準備好飯菜，而且要好吃。」

諮商師：「妳認為自己的廚藝如何？」

當事人：「應該不錯吧！孩子們也說好吃，她班上同學來過家裡的，也說我煮的菜比她媽媽好多了！」

諮商師：「妳臉上露出微笑，應該也是對自己的廚藝很有自信！」

當事人：「我結婚前也什麼都不會，這些年磨練出來的。」

諮商師：「所以這麼多年的努力與訓練，好廚藝不是平白來的！怎麼會因為一次丈夫認為不合口味、就否定了自己多年的能力呢？在擔任媽媽這個角色上，你是有自信的！」

當事人：「對，我女兒的同學還說我很幽默，不像他的媽媽，老是會指責孩子哪裡不對、做不好。」

諮商師：「看樣子，妳女兒也很認可妳是個很棒的媽媽。」

---

**外化的對話示例：**　　　　　　　　　　　　　　　　　　　　　　　　　　　**X**

**1.** 諮商師：「你沒有問她、就把她的東西拿走，這一件事情對你造成什麼結果？」

當事人：「很多人都不想跟我做朋友、也不借我東西。」

- - - - - - - - - - - - - - - - - - - - - - - - - - - - - - - - - - - - - - - - - -

**2.** 諮商師：「動手打老婆這件事，對你的影響是什麼？」

當事人：「我就是家暴行為人，孩子也怕我！」

諮商師：「還有嗎？」

當事人：「我的同事對我的看法應該不一樣吧？」

# 3-4 早期記憶、典型的一天

早期記憶（early recollections）技巧是阿德勒學派所使用的一種技術，該學派用來做評估人格與生命型態之用；早期記憶的正確與否並不重要，而是可以從中了解當事人的童年經驗與其對於經驗的主觀解讀，進一步了解當事人性格、信念或是價值觀，以及適應或不適應的思考（Mosak & Di Pierro, 2006, cited in Corey, 2024, p. 130）。早期記憶通常是請當事人回憶八、九歲之前的記憶（Sweeney, 1998/2006, p. 218），有一些參考資料可以觀察，像是當事人將誰或何事放入記憶中？當事人是參與者還是旁觀者？主動還是被動？有其他人出現在記憶裡嗎？與當事人之關係如何？當事人在關係中將自己擺放在什麼位置（低下或卓越）？記憶的主題是什麼？當事人感受為何？有無發現特殊模式？當事人為何記得？要傳達的是什麼（Corey, 2013, pp. 111-112; Sweeney, 1998, p. 220）？很重要的是：詢問當事人對於記憶事件的感受，因為這與當事人解讀該事件有關。臨床經驗上也發現：早期記憶也可以反映出個人對生命的樂觀或正向程度，主要是看個人對其記憶事件的解讀如何？因此最初呈現的負面事件，不一定就是當事人認定的負面事件。早期記憶的功能（整理自邱珍琬，2023，頁25）有：（一）個人生命意義之標記；（二）反映此人目前的自我組織（ego organization）及與他人關係；（三）評估個人生命型態；（四）評估當事人之性格；（五）評估個人對自己、他人、世界、生命與倫理的信念；（六）驗證當事人因應模式；（七）評估當事人優勢與衝突的想法；（八）了解當事人目前行為的線索。

「典型的一天」（a typical day）可以用來了解當事人一天的活動／行為，還可以看看當事人是如何利用自己的時間，以及當事人的習慣或性格。「典型的一天」可以用在年紀較小的當事人身上，藉以知道他／她每日的生活與重點，與人互動的情況，以及當事人是如何安排一天的生活？使用在一般學生身上，也可以了解他／她生活內容、重要他人以及自處時的情況；當然，也可以將「典型的一天」作為當事人試圖要改變的「版本」，讓未來的一天不會這般無趣。

「典型的一天」也可以用在生涯諮商中，讓當事人去想像自己未來工作時的一天是怎麼過的？會接觸到什麼人事物？如何與其互動？遭遇什麼問題等，從而詳細描述，讓想像更具體。搭配「典型的一天」，有時候也可以運用「監控的技巧」（monitoring skills），讓當事人自我監控自己的所作所為，甚至是思考、感受，讓當事人自己觀察與紀錄每日的行為，可以作為蒐集資料、也是改變行為／感受／想法的基準線。監控技巧可以讓當事人撰寫日記或週誌、頻率（次數）表、情境／想法與結果、語言／聲音與身體溝通紀錄（Nelson-Jones, 2005, p. 167）。

**早期記憶示例：** ☒

**1.** 小芳記得自己八歲之前的記憶有三個：（一）五、六歲時自己走失了、一直哭，後來爸媽找來、怎麼安慰都沒有用；她的感受是難過、傷心，有被拋棄的害怕。（二）在幼稚園時，被一位同學推擠、倒地受傷，當時自己嚇呆了，是老師趕過來時她才哭；她的感受是驚嚇、莫名其妙。（三）七歲上一年級，有一次跟姊姊走過大河邊要回家，風徐徐吹來、感覺很涼快；她的感受是舒服、快樂。

解析：

小芳的三件記憶都是自己為主角，三個記憶中出現的人物還有父母、同學、老師與姐姐；以記憶內容來說，前兩個是走失與受傷，最後一個是回家路上的幸福；前兩件結果都有不錯的結果，雖然負面感受還在，也展現了小芳的內心是渴望被關照、保護、感受被適當承接的；小芳對於自然景物或現象很喜歡，不需要刻意去追尋快樂，這或許也是她的生活哲學。

**2.** 小楷的早期記憶有：（一）五歲時被狗追，自己一直跑，後來停下來喘一口氣、大笑；他的感受是慶幸、自己跑步不錯。（二）六歲上幼稚園大班，被老師罰站在走廊上，很多同學經過、他還扮鬼臉；他的感受是看到很多人很高興，雖然有點難為情，為了面子還是要強顏歡笑。（三）七歲時，為了一位鄰居好朋友被打，出手相救、自己也掛彩，阿嬤過來摸摸他的臉；他的感受是喜歡、溫暖。

解析：

小楷前兩件事是主角，最後一件是配角，出現的人物還有老師、同學、鄰居、阿嬤；第一件被狗追、但成功逃過了，第二件被罰站，卻做鬼臉逗同學，都是負面事件，但是小楷的反應卻是很正面，甚至好玩的；第三件出手相助鄰居，阿嬤沒有譴責，而是安慰，讓小楷更堅信自己做對！了小楷是一位仗義執言的人，朋友應該很多，也會將不好的事情做轉念、不會傷心難過太久，對自己有自信、也樂觀。

典型的一天示例：　　　　　　　　　　　　　　　　　　　　　　　　　 **X**

**1.** 當事人：「我不知道自己為什麼來這裡。」

諮商師：「老師給我的這張單子上寫『不交作業』。」

當事人：「喔。」

諮商師：「可見你以前是交作業的，只是最近是不是有什麼事情發生、才讓你忘了交？」

當事人低頭不語。

諮商師：「可不可以讓我知道你今天放學後做些什麼？順便告訴我大概時間。」

當事人：「我四點放學，然後走回家，回到家就吃點心、看手機。我媽五點多會回來，她去
　　　　煮飯，我就去房間寫評量。」

諮商師：「有多少份評量要寫？」

當事人：「兩個，數學跟英語，可是週末的時候會多加國語那些。」

諮商師：「聽起來好多呢！寫評量到幾點？」

當事人：「寫到吃飯的時候。吃完飯後繼續寫，然後洗澡、準備明天上課的東西就睡覺
　　　　了！」

諮商師：「怎麼裡面都沒有寫作業的時間？」

- - - - - - - - - - - - - - - - - - - - - - - - - - - - - - - - - - - - - - - - - - - - - - -

**2.** 當事人：「我真的很忙，要打工、還要顧功課，我下學期還有實習呢！」

諮商師：「導師轉介妳來這裡，好像不是因為忙而已！」

當事人：「我知道我的功課落後。」

諮商師：「像今天上完課後，妳接下來做什麼？」

當事人：「我先跟朋友約吃飯，七點要去打工、十點多結束，然後回到住處。」

諮商師：「回到住處以後呢？大概幾點？」

當事人：「有時候十一點以前，有時候晚一點。我累了就會先睡覺，可能睡到早上三、四
　　　　點。」

諮商師：「三、四點就起來嗎？然後呢？」

當事人：「我會上網跟朋友聊天、打屁，有時候還會打遊戲。」

諮商師：「所以每天幾乎是這樣？妳有沒有發現少了什麼？」

當事人不好意思道：「少了念書時間。我的團體報告也是同學幫我做，我自己沒辦法配合去
　　　　　　　　　討論，只是久了，人家也不想跟我一組。」

諮商師：「所以妳基本上是班上的孤狼？」

當事人：「算是吧！」

# MEMO

# 3-5 在湯裡吐口水（或是潑冷水）、實驗

諮商師或許怕得罪當事人，有時候不敢適當地使用挑戰或面質，就可能讓諮商無法深入或談到重點，阿德勒學派的「潑冷水」（spitting in the soup）技巧，類似挑戰與面質，就是讓當事人就「自我感覺良好」的部分重新去思索，或是點出當事人對於問題可能有的「附加利益」（像是生病，可以在家休息或是讓父母照看）。通常是諮商師了解當事人行為背後的目的之後，讓當事人不再能夠「享受」那種感覺時使用。當然使用「潑冷水」技巧，也可能讓當事人起反感，然而諮商中也需要做適度的冒險，諮商師在衡量或評估之後，想要讓晤談更具意義，讓當事人承擔更多屬於自己的責任或獲得頓悟，就不能因為害怕當事人的感受而躊躇不前。

有時候當事人很清楚自己為何有某種行為，而有時候當事人並沒有覺察到這些，治療師點出當事人行為背後的可能意圖或動機，也是讓當事人有機會去思考：是否想要繼續維持這樣的行為？這樣的行為真的達到自己目的了嗎？有沒有其他更具建設性的方式可以用來達到自己真正的目標？

潑冷水在一般生活裡是提醒某人不要太得意或是太張狂，有些當事人會為自己的行為找理由，或是合理化，事實上他／她就是既得利益者，卻不願意承認，因此諮商師藉由指出或點醒當事人的方式，要他／她正視自己在問題中的角色與責任，像是「債多不愁、總有人還，但絕對不是我！」

完形學派很注重**實驗**（experiment），可以是讓當事人體驗的一種方式，也可以是嘗試新行為或新思維的一種方式。實驗是基於當事人與治療師之間的互動、從對話中慢慢展現，以增進當事人的覺察、了解與學習（Corey, 2024, p. 250）。完形學派將實驗視為一種介入方式，是一個積極主動的技巧，讓諮商師與當事人可以一起合作、探索當事人的經驗，實驗也讓我們有機會藉由實作來做系統性的學習，而不只是限於口頭的晤談而已！Polster（1987）提到實驗也可以將當事人的內在衝突拿到檯面上，讓其掙扎可以是具體的過程（cited in Corey, 2024, p. 250），其目的是要催化當事人修通困境的能力（Corey, 2024, p. 250）。實驗的形式有：想像未來面對威脅的情境，讓當事人與生命中重要他人對話，將痛苦記憶以戲劇方式展現，將早期深刻的體驗在當下舒緩，假裝自己是父母親，聚焦在姿勢、手勢與其他非語言的內在表達上，或是將個人內在衝突進行對話（Polster & Polster , 1990, cited in Corey, 2024, pp. 250-251）。要特別注意：實驗應為不同當事人量身打造、同時平衡支持與危險（Corey, 2024, p. 251）。實驗需要建立在穩定、信任的治療關係上，或許當事人會有抗拒或是認為實驗很無稽、好笑，諮商師可以讓當事人有選擇退出的權利，因為抗拒不一定表示「拒絕接觸」（Corey, 2024, p. 251）。

潑冷水示例：

 當事人：「我有很多朋友，我來學校很快樂！」　諮商師：「除了帥、好看，讓許多人喜歡你、跟你做朋友之外，還有什麼你足以自豪的？」

**2**  諮商師：「的確，做為家暴的受害者，妳有許多的無力與考量，或許博得更多人的同情，會讓妳更相信自己是很棒的母親！」

### 實驗須注意事項：

- 實驗是從晤談中發展出來，是當事人與諮商師共同合作的歷程。
- 不拘於特定方式或媒介，可以戲劇、舞蹈、對話或是身體動作等方式呈現。
- 當事人藉由實驗，讓自己去發現或了解重要事務。

### 實驗的目的（Joyce & Sills, 2001, p. 98）：

- ☑ 探索新的自我與行為
- ☑ 增進覺察
- ☑ 激勵自我支持
- ☑ 表達出未表達的，或是在覺察邊緣的感受與想法
- ☑ 重新擁有自己否認的部分
- ☑ 完成未竟事務
- ☑ 預演或練習新的行為

＋知識補充站

「實驗」較之「家庭作業」更具行動性，主要是運用身體活動或動作去體會與整合身心狀態，讓當事人有第一手的經驗去體驗、感受、了解與思考。

# 3-6 空 / 雙椅法、夢的工作、改變語言

空椅法是完形學派的技巧，用來統整分裂的自我或是練習換位思考。基本上空椅法的元素包含角色扮演、角色反轉、訪問內化的他人（interviewing the internalized other），以及體驗式教學，若是以心理劇的術語較像是「獨白劇」（monodrama）（Chen & Giblin, 2018, p. 213）。空椅法可以讓當事人分飾兩角（一個是自己、一個是他人，或者是有衝突 / 意見不同的的兩個自我等），可以提供當事人去體驗或同理、看見不同的觀點、解決未竟事宜（如對過世或不在現場的人），或提供當事人矯正性修正經驗（Chen & Giblin, 2018, p. 213）。許多當事人沒有類似的經驗，因此要做空 / 雙椅實驗時，需要事先讓當事人清楚將要做些什麼、目的為何，才不會引發當事人的驚慌或困惑，另外也要給予當事人足夠的時間去體驗、然後才更換座位（Chen & Giblin, 2018, p. 213）。

不同學派對於夢的解讀不同、處理的方式也各異。對精神分析學派來說，夢是通往潛意識的途徑，有影像、經驗與象徵意義，在治療中會請當事人就夢中的議題或元素做聯想、探索及解釋其可能意義（Lemma, 2007）。個體心理學派的 Adler 則是將夢視為「情緒的工廠」（factory of emotions）（Warner & Baumer, 2007, p. 136），所謂「日有所思、夜有所夢」，夢就是將白天所經歷的做演練或解決，有點像是大腦的工作；夢可提升個人覺察、生命形態及目前關切的議題（Seligman, 2006, p. 80）。完形學派治療師基本上不做夢的解釋或分析，而是會將夢境搬到現場做重現，讓當事人體驗或是將未完成的夢做結束，以行動方式來詮釋夢，因此完形學派創始者 Perls 說「夢是通往整合的最佳路徑」（Halbur & Halbur, 2006, p. 64）。有時候當事人會提到重複做的夢（或許與目前議題有關或是未解決的事務）、很可怕的夢（當事人擔心的事物或隱憂）、奇怪的夢境，諮商師不妨與當事人一起探討，或許會從中發現一些有趣的線索或當事人的資料、不需要規避。

「改變語言」是理情行為治療使用的認知方法。因為許多人會很固著地將許多事物做歸類或劃分，像是「應該」與「喜歡」、「必須」與「一定」，彷彿沒有這樣的歸類、就沒有遵循的原則一樣，不僅不符合現實、也缺乏彈性，無形中也給了自己許多壓力！因此若是將「必須」或「應該」改成「喜歡」、「想要」或「可以」，對於當事人來說，可能會減少一些壓力或限制，給予自己較大空間去行動或做決定。像是「我一定要贏才有價值！」若改成「我想要勝利。」或「倘若不能如期完成，一定是糟透了。」改成「倘若不能如期完成，可能會造成不方便。」讓習慣自責或是有無助感的當事人，學習運用不一樣的自我陳述，而有不同的感受、想法或行動。完形學派治療師也鼓勵當事人用「我不想」（I won't）來替代「我不能」（I cannot），且用第一人稱的「我」做主詞來陳述，可以展現力量、且讓當事人承擔起責任（Nystul, 2006）。

## 夢的工作（Ullman, 1996/2007）：

| 夢內容特質 | 夢工作特色 |
|---|---|
| **與我們當下的處境有關。** | 「逐漸開放」是夢工作的印證，開放內在的鑰匙永遠在夢者手上。 |
| **將過去資訊帶進來。** | 重點在夢者的內在場域，夢者對夢的自由聯想、拉近夢裡的自我意識與醒時的自我意識。 |
| **資訊是可靠的。** | 透過潛意識的探索促進成長。 |

（注：近年來國內有不少「夢工作團體」，大家在團體中分享夢境，以達自我探索與療癒）

## 生活中的語言

我們在生活中也常常習慣性或無意識地使用一些絕對詞或是數詞，讓人聽了感覺沒有太多轉圜的餘地，像是：「她常常都這樣！」「你總是不守規矩！」讓聽者感受到無比壓力、好像沒有改變的可能性，這些情況也會在諮商情境中發生，因此改變語言或許就是迎向改變的第一步！

## 改變語言示例：

**1**
當事人：「我如果沒接到我姐姐姐，就死定了！」

諮商師：「如果你沒有接到姊姊，會讓她比較不方便、要自己想辦法回來。」

**2**
當事人：「我應該努力符合我父母親對我的期望，要不然我就不孝順。」

諮商師：「你想要努力達成父母親的期待，做個讓自己滿意的孩子。」

**+知識補充站** ••••••••••••••••••••••••••••••••••••••••

「空／雙椅法」一般會建議在治療關係穩定之後進行，畢竟對當事人來說是新的技術或做法、總是會有一些擔心；「空／雙椅法」可先由諮商師示範、坐在另一張椅子上，扮演當事人或其對話對象，也可減少焦慮或尷尬。

# 3-7 思考轉換、肯定訓練、系統減敏法

理情行為學派相信：事情在不同的解讀下，會引發不同的情緒與行為，因此若是可以改變想法，其他兩者也會因此而改變。這是使用四欄的表格做思考上的練習，剛開始可能不容易，但是事情至少會有兩面的不同看法，慢慢練習就可以成為習慣、也開拓了個人的思維範圍與角度。諮商師可以將此做示範說明，也可以在之後作為當事人的家庭作業。撰寫的四欄第一欄是「啓動事件」（activating event），接下來是「當下的想法與感受」，最後一欄是「可能的想法」（alternative thinking）。「**思考轉換**」也是情緒技巧之一，企圖打破當事人的既有思考基模或不合理的想法，鬆動情緒的固著並拓展情緒光譜，讓當事人有更多行動選項，同時解壓，並思考更多問題解決方式。

「思考轉換」對於經常自責的當事人來說，是很有效果的一種練習，但是也不是要協助當事人擺脫應負的責任，而是讓當事人不會陷溺於自己的局限、缺乏彈性的思路中，引發更多的無益情緒、且無助於問題的解決。

**肯定訓練**（assertiveness training）適用於對自己較無自信、不敢說「不」或拒絕他人，或是不敢為自己發聲、爭取應有之權利者，甚至是將自己設定在「受害」者的無力立場、不相信情況是可以改變的人，一般會使用在特定人際場合、未能肯定自我的當事人（George & Christiani, 1995）。在社會上，女性被期待是一個順從、照顧者的角色，若是表現出肯定、自信、敢為自己要權利或發聲，可能被視為具有侵略或攻擊性，即便是暴力受害者也被主流文化視為是「活該、應得的」。肯定訓練是要在不傷害其他人的前提下進行，從眼神注視、語氣和緩穩定，以及身體姿勢的表現開始著手，肯定訓練涉及示範與角色扮演等技巧、需要循序漸進，也同時表現了清楚的溝通。

**系統減敏法**（systematic desensitization）是一種「反制約」（counterconditioning）的過程（George & Cristiani, 1995），運用古典制約的原理、刺激反應的學習理論，還有降低害怕的實驗基礎，以系統性的方式，協助當事人可以克服焦慮、恐慌或是懼怕之事物。通常是先將當事人焦慮或恐懼的事物或情境（如在大庭廣眾下講說），按照焦慮淺深的順序作排列，然後教導當事人深度放鬆技巧，等到放鬆練習熟練之後，在當事人放鬆的情況下、引導當事人想像焦慮事物（若有不適，即刻停止想像），最後，在當事人以想像方式都可以因應所有的焦慮情況後，或許可以陪伴當事人做焦慮的「曝露練習」（vivo exposure），也就是與當事人實際去面對焦慮事物。使用系統減敏法所需時間甚長，也需要視當事人的身心狀況、放鬆技巧熟稔度做適當調整。

## 思考轉換示例：　　　　　　　　　　　　　　　　　　　　　　Ｘ

**1.**

| 啓動事件 | 當下的想法 | 當下的感受 | 可能的想法 |
|---|---|---|---|
| 上課遲到 | 糟糕！會被當掉 | 糟透了、不安、焦慮 | 只是一次遲到，不至於太糟糕 |

**2.**

| 啓動事件 | 當下的想法 | 當下的感受 | 可能的想法 |
|---|---|---|---|
| 塞車，因此無法準時赴約 | 對方一定認為我不守時、不值得信任 | 完蛋了、擔心、沮喪 | 到時向對方說明一下、取得對方諒解 |

## ☺ 肯定訓練（社交技巧）：

| 目的 | 方式 | 練習場域 | 實施對象 |
|---|---|---|---|
| 協助在特定場合裡未能肯定自己的當事人，擺脫被動、無助立場 | 以冷靜、自信語調做反應，並表達自我需求 | 最好在團體中進行 | 不善於維護自我界限、擔心拒絕或損害他人利益者 |

##  系統減敏法施行步驟（Nystul. 2006, p.241）：

**①** → **②** → **③** → **④**

| ① | ② | ③ | ④ |
|---|---|---|---|
| 教導當事人深度放鬆技巧 | 發展出階層圖（如焦慮，從無焦慮到極度焦慮的排列） | 諮商師讓當事人進入深度放鬆的同時，以想像的方式進行階層的漸進工作 | 進行實景練習（將當事人帶入引發其焦慮的實際場景中） |

## ♕ 焦慮的排列：

| 焦慮順序 | ① | ② | ③ | ④ | ⑤ | ⑥ | ⑦ | ⑧ |
|---|---|---|---|---|---|---|---|---|
| 焦慮事物 | 與熟悉的人說話 | 與一位較不熟悉的人說話 | 要在新場合作自我介紹 | 要在新場合與一人對話 | 要協助同事說明產品功能 | 要在五個人面前展示新產品 | 要對主管做報告 | 要針對一群人說話或演說 |

# 3-8 行為改變技術、性別社會化分析

行為改變技術最常見於教育現場，是行為學派技術之一，主要是用來增加或減少某些行為的次數，只是運用這樣的方式需要計畫和較長的時間、才能夠看到效果。基本上它有一些既定步驟：首先是先蒐集與統計「基準線」行為（在尚未進行改變計畫前的行為情況，像是一週左右的資料，如喝水量），訂立目標（如每日喝水量超過2000cc）與增強的方式（若一日、三日或一週達標，可以獎勵當事人自己什麼），以及預防意外情況發生時的替代作法（如辦理活動忙碌、無法如期喝水，可以怎麼補充水分）。達標通常是以前一週的平均數為參照值（如上週平均喝水900cc，只要超過就可以）。

要計劃成功需要注意的部分包括：訂立具體行為或目標，增強物需要是當事人真正想要的（不一定是物質上的，也可以是活動酬賞或是累積點數與金錢）才有效、也可以隨著計劃做調整或改變，增強物不可成為下一次需要改變的行為（如喝水達標，就獎勵自己吃炸物，以後可能要因為體重增加而另外再進行行為改變技術），若有夥伴一起進行會更有效，要預防非預期的情況（如忙碌忘了喝水，或是忘記帶水）的其他選項（如請他人提醒喝水、買罐裝水）和預防復發（需要持續進行下去，等到喝水變成習慣穩定後就可以，但仍然可能會回復到之前少喝水的情況，因此需要有其他配套措施與作法）。

諮商師讓當事人進行行為改變計畫前，最好自己嘗試做做看，才會知道過程中可能會發生什麼意想不到的情況、妨礙計畫的進行，同時思以改進，或有替代方案，也才會體驗與清楚改變的箇中辛苦，這樣在當事人執行計畫時碰到瓶頸，也較能同理、進而協助調整方案。

雖然諮商師可以提供資訊或是教育給當事人，然而這些似乎還不足，而諮商也是「再教育」與「再學習」的場域。華人社會的父權至上與父權複製的情況，往往拘束了許多人的思考與作為，甚至造成身心的壓力與負擔，諮商師可以採取更進一步的分析與討論，同時賦能當事人。女性主義治療者意識到父權複製的社會，對於不同性別的社會化、可能會僵固或影響了在其中生活的個人，在當事人困於自己的「角色」與「應當的作為」時，可以採用**「性別社會化分析」**方式，讓當事人更清楚自己的位置與可以採行的行動及改變。

「性別社會化分析」可以使用相關量表（如性別刻板印象或信念）為參考，進一步與當事人分析討論 我們的社會與文化對於不同性別者的行為要求、養成過程、期待和其影響，當事人或許已將這些內化為自己的信念並遵守。「性別社會化分析」當然也包含男性的部分，對於不同性別的社會化分析，可以讓不同性別者對於自己目前的處境有更深的了解、減少習慣性的制式性別作為或自責，同時也看見其他性別的處境與挑戰，可以給予彼此更多的寬容與體諒，才有進一步有效溝通、互動與合作之可能性。

## 🙆 行為改變技術示例：

- 目標：增加喝水量
  執行計畫前一週之基準線（baseline）：

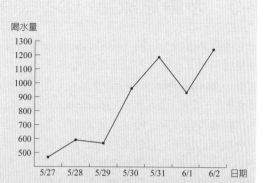

喝水量

```
1300
1200
1100
1000
 900
 800
 700
 600
 500
     5/27  5/28  5/29  5/30  5/31  6/1  6/2  日期
```

**第一週目標：超過901cc（上週平均值）
即達標**

## 🐍 行為改變技術注意事項：

- 要以具體可見 / 評量之行為為目標。
- 計畫中要列入「萬一不行」的（如跑操場卻下雨）其他可行方式（如改成爬樓梯），可以讓計畫更成功。
- 與同儕一起做行為改變計畫效果更佳。
- 讓更多人知道你 / 妳在進行行為改變，他們會支持與提醒。
- 酬賞/增強物的設定（如炸物或消夜），不要成為下一次行為改變的目標（如減重）。
- 增強物不一定是吃的或購物，可以增加一些社交活動，如與家/友人一起露營或是看電影。
- 以前一週之基準線平均為下一週目標。
- 行為改變計畫持續進行三個月以上，使其成為習慣。

## 💟 性別社會化分析可以包括的議題（不限於此）：

- 不同性別行為的要求與養成。
- 性別社會化對個人的影響（不同性別都承受的壓力）。
- 性別的權力分析（包括男性擁有較多資源，女性就要為剩下的極少資源互相競爭）。
- 複製父權的意涵與實例。
- 性別刻板化對性別溝通的阻礙與解決之道。
- 不同性別的溝通方式與性別社會化有關（如男性的工具性、女性的表達性功能），如何「聽懂」與溝通。
- 檢視自己的性別刻板印象與其可能之影響。
- 華人社會的性別與倫理關係。
- 性別所不在，如何檢視其背後之用意？
- 兩性兼具的性別實作（性別是「做」出來的）

**＋知識補充站** ••••••••••••••••••••••••••••••••••••••••••••••••••••••

　　女性被教養成「照顧者」（carer），因此女性若多一些自我照顧就是「自私」的（selfish）。社會要求女性「無私」（selfless）的同時，卻沒有看到這兩個字的字元都是從「自我」（self）衍伸而來，因此身心健康也要從「自我」出發！

# 3-9 矛盾意象法（paradoxical intervention）

「矛盾意象法」（或「悖論」技術）就是要求當事人做一件似乎是違反常理的事（Chen & Giblin, 2018, p. 208）。「矛盾意象法」或稱「開立處方」(prescription 如同醫師開處方藥一般)，是治療師偶而會採用的技巧，只是使用時需要特別小心。Adler 最早使用矛盾意象法，其目的是避免與當事人陷入權力鬥爭之中（Weeks & L'Abate, 1982/2001, p. 7）。治療大師 Milton Erickson 就常常以開立處方的方式，讓當事人嘗試不同的問題解決而達成療效，有時候當事人也不清楚為何這麼做，然而卻因為要遵照醫囑而去行動，獲得意想不到的結果。像是他曾經問一位罹患憂鬱、想自戕的七十多歲當事人：「妳之前最喜歡做的是什麼？」當事人回：「插花。」Erickson 於是請當事人在週日時，為自己的教會送上一個自己插的花，隔週 Erickson 問家庭作業的執行情況，當事人興高采烈地提到自己插的花得到許多好評，現場的教友都過來跟她寒暄，希望她以後常來教會與他們聊聊，並教他們插花，當初來晤談的情緒議題已煙消雲散。家族治療師 Jay Haley 也曾經開處方給一位暴食症女孩，要求她每天遛狗，而且是從後門（就是經過廚房的路徑）出門，幾週之後，那位女孩已經不會擔心自己會從冰箱拿食物囫圇吞下，而且慢慢恢復正常飲食。但是矛盾意象法不可用在對當事人有害的情況下，如當事人會自傷，諮商師自然不能開「要她自傷」的處方！

矛盾意象法基本上涵蓋了重新架構、徵狀處方、抗拒治療性的改變，以及與當事人站在一邊。一般來說，改變不容易，因此當事人抗拒改變是自然，「限制」（restraining）也是一種開處方的方式，因為限制了，反而會讓當事人反抗而有了改變。限制背後的意義是：為了改變，必須保持原狀或放棄。因此，「限制改變」就可能讓當事人產生改變。當事人若是開始改變了，可能會受到許多阻抗，因為其他人可能不喜歡當事人的改變；或是因為當事人改變，其他人需要重新調整與當事人互動的方式（家庭治療所謂的「恢復平衡」homeostasis）；另外，當事人可能也希望求速變、進行得太快，許多未預期的阻礙可能會出現，反而造成當事人的改變行動失敗，或是退回到原來的位置（「復發」）。此時運用「限制改變」技巧，讓當事人可以緩一緩腳步或進度、調整進行方式或策略，甚至更審慎地進行改變，或許就不會讓復發情況發生。

「與當事人站在一邊」，是誇大當事人對自己的負面評價，引發當事人對此評價之反彈；像是諮商師隨著女性當事人罵其夫：「對呀！天底下最爛的男人怎麼就被妳撿回來了？」理情行為學派的「羞愧攻擊」，也可視為矛盾意象法之一種，此技術是讓當事人用行動去嘗試自己「想像」的可怕情況，然後在實際試驗與嘗試行動中，看見自己浮誇且不實際的焦慮，因而降低擔心與害怕。使用矛盾意象法要十分謹慎，要不然當事人不清楚目的、也就不可能配合，而若有潛在性危險者（如有自殺者企圖）就不宜使用！

**矛盾意象法示例：** Ⅹ

1. 當事人提到自己試過了許多方法，想要讓自己入睡，卻沒有效果。諮商師與當事人晤談過程中，也檢視了當事人曾經使用過的方式，包括喝溫牛奶、泡熱水、冥想、不做劇烈運動等，但是都沒有顯著效果，於是諮商師建議當事人「試試看不睡覺」，當事人很納悶：這不是與我想要的背道而馳嗎？諮商師說：「如果睡不著就起來，打掃房間或是念書，反正就是做一些事，累了再去睡。但記住，不要在週日或週間做，因為隔天要上課。」當事人回去試了兩天，都因為最後累了才上床睡；下一週，諮商師請其繼續嘗試，當事人後來就不必擔心睡不著的問題。

2. 國一的女學生不適應新的班級，因為以前國小的班上同學都去了另一所學校，她在新的環境沒有朋友，因此經常需要母親為她請假，或者是因為起不來而會遲到，目前她已經曠課許多，但是家長似乎也不在乎是否為她請假。班導轉介她來與輔導老師談話，輔導老師詢及她在學校的情形，她也如實作答，她說希望可以轉學、跟以前的班上同學一起；老師問何時最難起床到學校？她說是週一，因為週日時就會想到要來學校、很難過，就一直哭。於是輔導老師就請她試試週日晚上訂一個時間哭十分鐘，最好在晚上九點就寢前兩個鐘頭，以免眼部腫大。

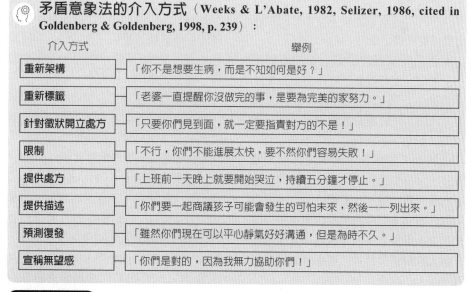

⚙ **矛盾意象法的介入方式**（**Weeks & L'Abate, 1982, Selizer, 1986, cited in Goldenberg & Goldenberg, 1998, p. 239**）：

| 介入方式 | 舉例 |
| --- | --- |
| 重新架構 | 「你不是想要生病，而是不知如何是好？」 |
| 重新標籤 | 「老婆一直提醒你沒做完的事，是要為完美的家努力。」 |
| 針對徵狀開立處方 | 「只要你們見到面，就一定要指責對方的不是！」 |
| 限制 | 「不行，你們不能進展太快，要不然你們容易失敗！」 |
| 提供處方 | 「上班前一天晚上就要開始哭泣，持續五分鐘才停止。」 |
| 提供描述 | 「你們要一起商議孩子可能會發生的可怕未來，然後一一列出來。」 |
| 預測復發 | 「雖然你們現在可以平心靜氣好好溝通，但是為時不久。」 |
| 宣稱無望感 | 「你們是對的，因為我無力協助你們！」 |

**＋知識補充站** ●●●●●●●●●●●●●●●●●●●●●●●●●●●●●●●●●●●●●●●●●●●●●●●●●●●

　　策略家族治療的 Jay Haely 常在與家族晤談時出家庭作業是開立處方，可以讓當事人維持原來的行為，或是做出不同的事。像是讓憂鬱的人持續憂鬱，其目的也許會讓當事人更憂鬱，卻同時讓當事人可以掌控自己的憂鬱情緒，也可能讓當事人反抗這個指令，而達到「不憂鬱」的目的。

# 3-10 家庭／族圖繪製、治療文件與重新加入會員

家庭／族圖可以是諮商師蒐集當事人相關資料的一個管道，也藉此了解當事人原生家庭脈絡、家人關係、生心理與文化傳承（如價值觀、婚姻狀況），可協助諮商師看見個人行為與家庭關係建構的關聯（Minuchin & Nichols, 1993, p. 42），以及當事人在家中的位置（Andolfi, 2016/2020）。家庭圖也可以是諮商師蒐集的最根本資料，藉此了解當事人生活脈絡、原生家庭歷史與環境，以及可能的問題影響因素。家庭圖的優勢在於它很清楚標示出家人之間的組成、互動關係、不同性格與生理狀態，讓諮商師可以一目了然，當然還是要詳細詢問故事與脈絡，有助於問題診斷與處置計畫之擬訂。

家庭圖最重要的是家人之間的關係與互動模式，有時候諮商師可以從中了解到家人之間彼此的關係（緊密、衝突、疏遠）、習慣的互動模式（如母親作主、家中次系統獨立）與婚姻／親密關係狀態（如離異、同居或分居、繼親），以及生理特徵或遺傳（如癌症、心血管疾病、過敏、憂鬱症等），從中可以一窺個人問題的可能源頭與可以改變之處，畢竟人生活在家庭中，家庭是一個人的最初與最終，其影響力不容忽視。

現在許多家庭結構多元，從簡單的家庭圖中就可以獲得許多資訊，只是其細節還是需要時間慢慢累積，有時候協助當事人繪製自己的家庭圖，當事人就有頓悟的理解，無形中也減少了許多自責與愧疚，可以從較客觀、公允的觀點來看自己的原生家庭與影響。

這是敘事治療學派的諮商師常會使用的技巧。「治療文件」指的是任何可以支持當事人新故事或線索的證據，資料可以讓當事人往後有機會再重新拿出來見證的素材，其目的是強化、鞏固和鋪陳當事人新的故事與身分，可延續諮商效果，也在當事人遭遇生命困境或是挑戰時，用來提醒當事人曾有的能力與肯定，甚至是希望（邱珍琬，2012，頁 242-243）。除了給予當事人進步與成就的相關鼓勵、證明文件之外，諮商師也會善用文件的功能，像是給予顧問證書（如學習奮鬥『中輟生』顧問），在有其他當事人遭遇類似情況時，可以做同儕諮商或分享自身經驗，即便是諮商師送給當事人結束治療時的祝福卡片，也都可以是很有力量的文件。

「重新加入會員」（re-membering）類似證人的角色（不管是否在世），都可以提供當事人改變的有力證據與見證。諮商師會問：「如果阿嬤在現場，她會看到什麼／說什麼？」即便只是詢問當事人：「如果你的偶像青峰在這裡，他會怎麼對你說？」當事人就可以藉此鼓勵自己，讓自己重新得力。

**小博士解說**

華人家庭還是父系社會，除非少數例外，一般在繪製家庭圖時，還是以父親的父親那一代開始、至少列出三代。

### 家庭圖示例（三代）：

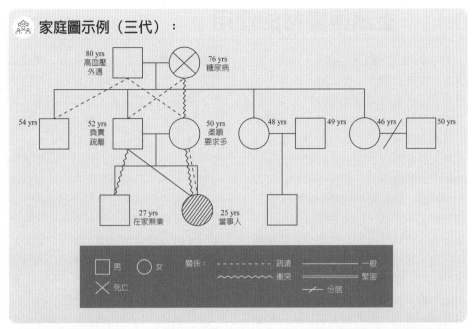

### 影響家庭治療的因素（邱珍琬，2021，頁26-30）：

### 治療文件：

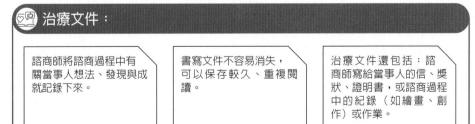

+知識補充站 ••••••••••••••••••••••••••••••••••••••••••••••••••••

　　重新加入會員：作為當事人進步或改變的見證人，讓當事人的新身分更扎實，讓當事人的故事更具體而豐富，可以協助當事人補充故事細節。

# 3-11 塗鴉與媒材的使用

許多的創意活動像是**繪畫、指畫、屋樹人、捏陶或黏土、曼陀羅、手偶**等，基本上是有宣洩情緒或是投射功能，然而若無科學研究或實證基礎，諮商師使用這些方式最好不要自行解讀，放手讓當事人去解釋或說明是最好的方式。諮商師可以從當事人／團體成員對自己創作的解讀、結合臨床經驗的發現，更了解當事人／成員，因為在這些創作中，當事人往往將自身的一些感受、經驗置入其中，當事人就是自己的專家，諮商師不妨將主權交給當事人／成員。

使用**繪本或故事書**，也有教育的功能或是潛在教育（讓當事人習得的一些重要價值觀或是規矩），像是跳棋可以讓當事人學習遵守規約或是輪流規則，對於很難將自己經驗或感受用語言表達出來的當事人（如年齡較小者或是不善於說話者），繪本或是故事書就是可以為當事人發聲的管道之一。像是兒童會將自己投射到故事人物或經歷中，學習到離異父母小孩的感受與擔心、如何與寵物說再見、長大會有那些變化等等。

**量表或問卷、測驗**可以在很短時間內，讓諮商師知道當事人的情況（如情緒、興趣、能力、家庭或人際關係樣貌、可能的違常情況），諮商師可以更了解當事人，或參照其他管道所收集的資料，據以擬定處遇計畫或是下一步的協助動作。然而諮商師在使用之前，都需要清楚自己為何使用量表／問卷／測驗的目的，而不是隨意使用；在使用前，還要告知當事人，並說明清楚其目的、結果如何解釋等。有些學校或諮商所以測驗來「吸引」潛在當事人，這樣的作法有點走在倫理的界限上，要特別注意。此外，還有諮商師在做生涯諮商時，習慣使用測驗，然而最適當的作法還是先以晤談方式、了解當事人，有必要時，再以測驗做補充。使用測驗要注意不以一試定終生，或以單個測驗做重大決定，另外留意常模是否有做時近更新，要不然其解釋效果就受限！

**牌卡或桌遊**是目前許多諮商師喜歡使用的媒材之一，最重要的還是需要知道使用牌卡／桌遊設計之目的，了解牌卡內容，以及進行時可能需要注意事項。有些新手諮商師，不知道要將當事人帶到哪裡去？或是以牌卡為吸引團體成員眼球之工具，不明白使用牌卡與主題的關係，其實就是失職的表現、同時也違反專業助人倫理。有些牌卡有教育意味，像是情緒卡，可以教導當事人情緒的種類，讓當事人表達自己的情緒，其他許多牌卡的設計，可能就沒有明顯的預設功能。即便使用了牌卡，若無實證資料證明結果，基本上就像是投射測驗一樣，請當事人／成員自行說明較恰當，不需要諮商師或領導者協助解讀。

**閱讀治療（Bibliotherapy）：**

★ 閱讀/讀書治療運用在教育與諮商上已經有很長久歷史，其目的是讓學生或當事人可以藉由閱讀獲得資訊、自我了解或療癒的功效。閱讀可以是由當事人主動閱讀或是與教師/諮商師互動式的閱讀，現在有所謂的「親子共讀」就是屬於後者，可以享受親子共處的親密時光、營造共同的回憶，也一起學習。

★ 理情行為治療學派與認知治療學派的諮商師，經常以閱讀治療作為補充的處置方式。Albert Ellis甚至將將自己的相關著作（包括自助書籍）讓當事人帶回去閱讀。女性主義治療者甚至將閱讀治療擴充到教科書、自傳、小說或是影音電影都列入（Corey, 2024, p.424）。

★ 閱讀治療的好處是：具經濟效益、容易取得、可以用在廣大群眾身上（Corey, 2024, p. 332）。

★ 閱讀治療的功效：有研究證據支持使用在憂鬱、焦慮者身上頗具療效（Corey, 2024, p. 332）。

 **繪畫與兒童（Malchiodi, 1998）：**

**功能**
- 用來作為治療的輔助
- 協助兒童表達語言所不能表達的
- 是正向、療癒的經驗
- 協助兒童解決問題
- 表達感受與觀點
- 處理面臨的情境
- 處理記憶
- 處理困擾他們的情緒

**注意事項**
- 給予足夠的時間讓兒童可專注
- 可以陪伴在一旁，但不需問太多問題（可能會干擾兒童工作）
- 讓兒童說明他／她的作品
- 安排無壓力的安全環境，不需受到一些行為的要求（如禮貌、整潔）
- 讓兒童做自己的專家
- 治療師是站在「不知」（not-knowing）的立場

**＋知識補充站** ⋯⋯⋯⋯⋯⋯⋯⋯⋯⋯⋯⋯⋯⋯⋯⋯⋯⋯⋯⋯⋯⋯⋯⋯⋯⋯⋯⋯⋯⋯⋯⋯

　　理情行為學派的 Albert Ellis 善於使用家庭作業，而其中最著名的應該就是讓當事人有閱讀的回家作業，主要是關於思考、感受與行為之間的關係，也是對於理情行為理論的理解。

# MEMO

# 第四章
# 諮商過程中需要處理的議題

諮商過程中，除了以當事人為主的晤談技巧之外，還有許多情況需要因應與處理，像是危機情況、當事人情緒暴衝與復發的處理，以及當事人與諮商師的移情／反移情、抗拒，個別諮商或團體諮商中的沉默，還有通報的問題，在在都需要謹慎將事、審慎處置，才可讓諮商效能發揮最大！

# 4-1　危機處理技巧

　　對於當事人的一些危機，如自殺、自傷，或是情緒暴怒／衝，應該要做那些緊急處置？這也是目前許多諮商師必備的技能之一。年幼孩子可能因爲對於事情結果沒有預知能力、不清楚自己某個動作可能會導致的嚴重後果而造成遺憾；青少年有致死的能力，況且現在網路媒體資訊紊亂，一時衝動下、可能釀成可怕災禍，更遑論有行爲能力的成人！目前每日新聞，幾乎都是以社會、災難或是戰事優先，許多人受到媒體的偏差報導洗禮，有時候逝去的生命只變成無生命的數字、連最基本的悲憫人性都失去！何況現代人似乎較缺乏情緒管理的能力，動輒路暴、霸凌、傷害，這些不可預測的變數，不禁讓人懷疑：世界眞的這麼不安全了嗎？

　　大專院校的諮商師幾乎每天都在處理危機個案，而往往最需要協助的個人是不會出現在諮商晤談室裡，或是不按時出現，但是卻需要去注意其動向、出缺席情況、是否失聯或有危及性命的舉措發生？讓個案管理師壓力重大，有些諮商師承受不住持續的壓力、最後只好辭職或是從此生涯退出。私人諮商所遭遇的危機個案也不在少數，許多是有多重心理疾病（或共病）卻無病識感，或是不固定看診吃藥，當然也不會主動求助於身心科醫師或諮商師，經常是在發病或是行爲失當／危險時，家人強制送醫或就診，才發現事態嚴重，有時候無法挽回生命、造成許多的失落與悲傷，整個社會要付出的成本和代價更高！

　　如何覺察危機情況？如何防範與處理？是助人專業者必備的知能。本節會就自殺、自傷的處理做簡單介紹，然而許多的情況下，依然防不勝防，徒留許多遺憾！諮商不是治本之方，基本上是配套與輔佐的功能，因此還是需要從源頭開始！若是自小的生命教育落實、培養適當的挫折忍受力、從經驗中學會能力與智慧、學習與人相處的知能、對人性有足夠的悲憫與同情之外，還可以有哲學素養、正向思考與問題解決的訓練，相信這些文明病的發生就可以減少！

── 小博士解說 ──────────────────

　　「危機處理」是許多大專院校會開設的課程，只是授課內容與師資有時跟不上實際的需要，許多諮商師也得要靠自己的臨床經驗或相關訓練差可應付！只不過現在的危機情況更多元、更臨時，傳統課堂上的學習已經不敷所需，的確也應納入繼續教育課程、定期更新！

**危機的形態**（**Muro & Kottman, 1995, p. 307**）：

| **與生理有關** | **與環境有關** | **不定、非預期的** |
| --- | --- | --- |
| 生理的改變或者是發展任務，像是到學齡期或者是青春期。 | 通常是人際間或者是情境式的，如父母死亡、離婚、虐待、搬家，或者是慢性疾病。 | 是不能夠預測的，而且通常與自然災害（像是洪水、火災或者是颱風）或人禍（如車禍、傷人或暴力事件）有關。 |

 **危機處理的目標**（**Collins & Collins, 2005, cited in Hackney & Cormier, 2009, p. 137**）：

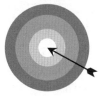

- 確保當事人的安全、降低致死性。
- 讓當事人心理上平穩，當事人自己與情緒暫時達到平穩狀態。
- 當事人已與適當的／正式或非正式的資源連結或接觸。

**危機處理原則**（**Ivey, D'Andrea, Ivey, & Simek-Morgan, 2002, cited in Lewis, Lewis, Danieles, & D'Andrea, 2011, pp. 95-95**）：

- 聚焦在特殊、有時間限制的處置目標上。

- 協助當事人釐清及正確評估所擁有的資源與壓力源。

- 協助當事人發展更有效的適應或問題解決方式、恢復到原先的功能。

- 危機處理乃現實導向，協助當事人釐清其認知、面對否認或扭曲的思考，並提供情緒上的支持。

- 若與不同文化／背景者工作，處置策略最好包括當事人現有的支持系統，讓因應策略更有效。

- 危機處理可做為日後諮商與相關服務之前置作業。

# 4-2 危機處理技巧：自殺處理

　　諮商師的同理心足夠，就會敏感覺察到當事人是不是會有其他危險的想法或動作？可以做直接確認動作，像是：「我想如果是我在你的情況下，或許會想不開，甚至想要一了百了？你／妳有過這樣的想法嗎？（或是你／妳想過傷害自己嗎？）」有人會認為：這樣問，不是等於提供當事人另一個解決問題的辦法了嗎？事實上，若當事人有傷害自己的想法，甚至有進一步計畫，但是卻必須壓抑下來、不讓旁人知道或覺察到，是有巨大壓力的，而當諮商師了解他／她的難處，並且表達出來，等於是替他／她說出來了，當事人會有被理解的輕鬆感，接著就有自然情緒流露、心房也打開了！此時諮商師所說的或是做介入，當事人才較容易聽進去或接受。

　　與當事人訂立「安全契約」（以往稱「不自殺契約」—safe or no-suicide contract）也是自殺處遇會做的動作。安全契約裡面要說明的包括：若有行為衝動時，可以具體執行的步驟有哪些？而且按照優先次序列出來，像是讓自己情緒舒緩下來（找人談、走出室外、聽音樂或做自己喜愛的事等）、打電話給信任的人（如家人、朋友、諮商師的聯絡方式）、打 119 或 110、立刻就醫等。當然，安全契約只是早期介入策略（Berman, Jobes, & Silverman, 2006），後續還需要持續關注當事人的情況與主要議題，即便諮商師將當事人轉介到身心科醫師處，仍要持續追蹤當事人情況並予以協助及輔導，有些師長並不清楚需要進一步做處置，甚至以為只要有醫師或藥物介入，就可緩解或消除危機情況，這是很大的誤解，因為藥物可能會讓當事人的體力恢復與情緒提升，但是若當事人已有自殺計畫，很可能在體力恢復的條件下，成功執行其自殺計畫！因此，即便當事人已強迫就醫，同時要請諮商師協助了解其內心的感受及想法，擬定問題解決計畫或步驟，就醫後接下來的兩三週是所謂的「關鍵期」，要密切注意當事人可能有的自殺行動，不可掉以輕心！

　　Sharry（2004, p. 149）提及以優勢為基礎的自殺危機處理包括：傾聽當事人的優勢、從問題轉移到目標（將問題重新框架為目標）以及使用量尺問題。處理自殺危機，除了確保當事人的安全、做進一步危險性評估，以及簽訂具體的安全契約外，許多諮商師會將焦點放在「防止自殺」上，卻忘了去探問當事人的故事、沒有進一步仔細聆聽當事人的痛苦，因此無法舒緩或解除當事人的痛，這樣的危機處理通常效果不佳，當事人可能會一再重複原來的行為模式（復發），讓周遭的人感覺無力、無助！將自殺動作或企圖視為「求助」的訊號，了解困擾當事人的議題、共同尋求解決之道，才是正解。自殺企圖可能是一時衝動，危機過了或許就解決了當下的危急，但是要預防當事人下一步／次的危險行動，除了監控其用藥穩定性與定期晤談之外，也要連結、建立、鞏固其社交網路，還要將力道放在當事人身上，協助其用自己的力量，掌控情緒帶來的衝擊，以及恢復管理生活的能力，甚至偕同其他重要他人一起來晤談或協助。

## 如何評估自殺的危險性（Sommers-Flanagan & Sommers-Flanagan, 2007, pp. 165-174）：

| 評估面向 | 說明 |
|---|---|
| ▌外觀上 | 是否顯得較缺乏自我照顧，或個人衛生有問題，也可詢問是否有自傷歷史。 |
| ▌行為觀察 | 行動遲緩或容易激動，都可能是憂鬱情緒的徵狀，過度敏感或非常警覺可能與創傷後遺症有關。 |
| ▌情緒上 | 心理上的痛苦（如抑鬱、焦慮、罪惡感、孤單、氣憤等）。 |
| ▌認知因素 | 對自己、周遭環境與未來不抱希望，非黑即白的思考、覺得自己無價值、認為自己要被懲罰，或有自殺意念。 |
| ▌希望感 | 無望感是最可預測的因素，可能呈現出來的是憂鬱情緒，因此諮商師需要聚焦在希望感上。 |
| ▌自殺想法 | 直接詢問有無想過自殺、持續多久、時間頻率等。 |
| ▌自殺計畫 | 有無詳細計畫、自殺方式、可行性多高等。 |
| ▌自我控制感 | 評估自我控制歷史、當事人自覺得自我控制程度、當下當事人的自我控制表現如何？ |
| ▌自殺意圖 | 希望以自殺獲取什麼結果（如報復、讓他人後悔等）？ |
| ▌檢視失落經驗 | 了解當事人最近是否有失落經驗，以及有時候崇拜的偶像自殺了，可能會有「維特效應」——不少人會跟著死者完成自殺動作！ |

## 自殺的類型是以自殺動機來區分（DeSpelder & Strickland, 2005/2006, pp. 78-181）：

| | |
|---|---|
| 為了逃避而自殺 | 如逃避強烈的身體痛苦或心理痛苦，令人不滿意的情況，或失去生活意義。 |
| 求救的表示 | 如表達失望或獲取注意，以自殺企圖來做改變。 |
| 潛意識有意圖的 | 如激怒他人——包含犯罪——以求死，藉由他人之手迫使自己死亡。 |
| 慢性自殺 | 藉著藥物、酒精、菸、危險生活等縮短性命。 |

**＋知識補充站** ●●●●●●●●●●●●●●●●●●●●●●●●●●●●●●●●●●●●●●●●●●●●●●●●●●●●●●●●●●●●●

　許多高自殺族群與憂鬱症有關。憂鬱症患者的「認知三角」——對自己、目前生活與未來，不抱有希望或期待。也就是這種無望、無力感，讓患者認為沒有繼續存活的必要。就醫基本上是緩解一些生理上的徵狀，像是無力、疲倦、情緒低落等，但真正的問題依然要去解決，要不然有周詳自殺計畫的當事人，可能在體力恢復之後，反而有能力完成其自殺計畫。

# 4-3　危機處理技巧：自傷處理

自傷（self-injury or self-harm）是刻意為之且重複的自我傷害行為，包括以切割、燙、打、刺、過度摩擦等方式進行的傷害，導致流血、挫傷與痛苦（Aoki, Kogayu, & Ono, 2023）。自傷與自殺最大的區別在於：前者不是以死亡為目的，後者則是，然而自傷也可能導致意外自殺。研究文獻上的結論是：自傷可能是「管理情緒」的一種方式，用來平復無法控制的暴衝情緒，或者是提醒自己還活著（害怕沒有感覺）（Hollander, 2008/2020）。自傷者以青少年或年輕成年女性居多，是否與女性向內攻擊的傾向有關？

美國心理疾病與診斷統計手冊（the Diagnostic and Statistical Manual of Mental Disorders DSM-5, 2013）評估有 11%-37% 的年輕成人有過自傷行為；臨床上發現邊緣型人格違常者常有自傷經驗，且兒童或青少年期有家庭問題（如家人不和、衝突、有人生病、角色混淆——應被照顧者成為照顧者，與貧窮）（Aoki et al., 2023），而有些女性與母親關係緊張、複雜者，也較多有自傷行為。自傷或許是管理情緒的方式之一，但是也可能會演變成意外死亡，因此除了讓當事人自傷的危險性降低之外，還是需要就引發當事人激烈情緒，或是讓其以無感方式面對問題的創傷經驗（解離），做進一步了解及處理。

當事人用自傷來管理情緒，因此自傷者通常不會將傷口示人，若是將傷口作展示，其目標可能不一定是管理情緒，許多情況下是同儕壓力（如國中生集體自傷、將其視為「我群」之象徵），或是展現自我個殊性的方式。處理自傷，諮商師本身要對自傷有相當了解，也清楚目前處置自傷的研究證據，迄今對於自傷的處置方式仍以認知行為、問題解決為主（如「辯證行為治療」Dialectical behavior therapy 或 DBT）（Krysinska, Andriessen, Bandara, Reifels, Flego, Page et al., 2023），內容包括情緒管理技巧、探討自傷的前置事件和結果（環境、情緒、認知、社會）及增強因素，了解可能的認知扭曲、修復人際溝通、增進挫折忍受度、正念練習與探討並執行可替代行為，都有助於減少自傷（Andover, Schatten, Morris, Holman, & Miller, 2017）。

處理自傷不要大驚小怪，諮商師本身的鎮定與情緒穩定很關鍵，以尊重、關切的態度確保當事人的安全最重要，給予支持的同時，可能也要注意傷口有無感染或需就醫的問題，立即通知與連結相關人員和資源。如同自殺企圖者的處理，除了了解當事人在什麼情況下會採取自傷？哪種方式？頻率如何（有無增加或減少）？何時開始自傷？也可以請教當事人：曾經使用哪些方式減少或制止自己做自我傷害的行為？有沒有想自傷卻沒有做的例外情況？曾有研究者提及處理自傷最好不要以團體的方式進行，因為擔心成員們彼此交流效仿，讓情況更嚴重，但是目前的處理沒有特別強調此點！許多自傷者不會向外求助，主要也是有鑑於他人對於自傷者的汙名（如吸引注意、操縱行為、自殺傾向或發展轉換期會發生的）（Staniland, Hasking, Boyes, & Lewis, 2020）。

## ♡ 自傷研究

我國學者（Tang, Lin, You, Wu, & Chen, 2023）在COVID-19疫情期間，針對1060位國中生所做的調查發現：

- 有高達40.9%的自傷普及率。
- 以女性居多。
- 在神經質、憂鬱、衝動、情緒表達障礙、虛擬社會支持、學業成績不滿意等分數較非自傷者高。
- 在自我健康、自尊、實際社會支持與家庭功能分數較非自傷者低。

## ⛩ 自傷的功能是重拾情緒的平衡（整理自**Hollander, 2008/2020, pp. 61-70**）

| 自傷像止痛劑，可以帶來一段時間的平靜與放鬆。 | 自傷是預防自殺的變通之道。 | 自傷是為了感覺自己「還活著」。 | 以自傷來對抗「沒被看見」的感受。 | 自傷是為了逃避（焦慮或緊張感受）。 |

## 🧍 減少情緒失控的方式（**Goleman, 2011/2013, pp.71-73**）：

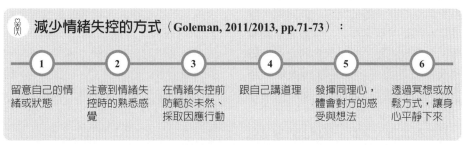

| 1 | 2 | 3 | 4 | 5 | 6 |
|---|---|---|---|---|---|
| 留意自己的情緒或狀態 | 注意到情緒失控時的熟悉感覺 | 在情緒失控前防範於未然、採取因應行動 | 跟自己講道理 | 發揮同理心，體會對方的感受與想法 | 透過冥想或放鬆方式，讓身心平靜下來 |

## 🧠 校園危機管理及處理（黃韻如，**2010**，頁**514**）：

| 危機處理 | 預防 | 應變 | 復原 |
|---|---|---|---|
| 危機管理 | 事前的危機預防 | 事情過程中的危機控制（或反應階段） | 事件過後的危機處理（或復原階段） |

**＋知識補充站** •••••••••••••••••••••••••••••••••••••••••••••••••••

　　有研究指出：高頻率的自傷與致命性的自傷是有關係的，也就是自傷次數越高者、其意外死亡或是自殺率也會升高（Andrews, Martin, Hasking, & Page, 2013, Joiner, Ribeiro, & Silva, 2012, cited in Curtis, 2024, p. 1）。

# 4-4 移情（transference）與反移情（countertransference）的處理

當事人或許在過往或在原生家庭中，有一些未竟事宜，並將其對某些重要他人的情緒投射在諮商師身上，就是所謂的「移情」。精神分析學派很重視移情的分析，因為當事人將諮商師當作重要他人的心理替代（psychological substitute）（Corey, 2019, p. 184），讓當事人有機會重新體驗不同的情緒，不管是正負向的移情都是重要的資訊，而移情需要進一步修通、才獲得療效。近代的諮商或心理治療則較不重視移情的分析，但是當事人的移情，的確也可以給予諮商師許多關於當事人的線索，協助諮商師更了解當事人，並做適當的處置。很重要的是：當事人對諮商師的情緒反應或行為不一定是移情表現，諮商師需要自省自己的需求或動機為何（Corey, 2019, p. 189）。

移情對當事人來說，是讓他們看見自己在其他人際關係中是如何的情況，而不僅是與諮商師有這樣的互動模式，諮商師可以用「立即性」技巧，引導當事人去覺察及反思，治療師的反應可視為一般人對當事人的反應或當事人失能的人際模式，而諮商師藉此反思自己對當事人的反應，這些反應告訴自己與當事人什麼（Corey, 2019, pp. 186-187）？也要同時留意自己是否有「反移情」的情況。

諮商師對於當事人的情緒反應，也不一定是反移情。然而諮商師的反移情可能是自身的未竟事務沒有做適當處理，而將情緒投射到當事人身上，會影響到治療關係與專業效能，因此諮商師有必要時時進行自我覺察或記錄，並探討自我的需求對於治療關係與當事人之影響為何？諮商師的反移情與當事人的移情是一樣的，畢竟諮商師也是人，也可能有未解決的衝突、個人弱點與軟肋在諮商過程中被引發（Hays, Gelso, & Hummel, 2011, cited in Corey, 2019, p. 190），像是諮商師可能受到當事人的吸引或是討厭當事人，都可能是反移情的表現：Corey（2019, p. 191）建議諮商師固定與督導討論或做個人諮商，可以辨識及釐清自己的感受、做自我整理，也有商議對象，並獲得支持，畢竟「個人知識」（self-knowledge）是最基本、且能有效處理移情與反移情的工具。

以往認為諮商師的反移情是不好的，但是似乎忽略了諮商師也是人類社會一份子的事實。目前治療界對於諮商師的反移情有較為正向的了解，當諮商師覺察到自己有反移情情況，正好探索該情緒所代表的意涵為何？是否有自身議題未處理，而影響了諮商過程？這樣的反應對當事人的影響又如何？同時也協助了諮商師更了解當事人。有關諮商師本身的「反移情」處理，在本書第六部分會再多做一些說明。

**小博士解說**

諮商師的反移情除了提醒諮商師需要將個人議題做適當處理之外，還可以藉由情緒的反應、思考對當事人的可能影響。

## 🧠 不同學派對於移情的觀點（Corey, 2019, pp. 185-186）：

**精神分析學派**
以正向移情建立同盟。與當事人討論移情，但不賦予任何意義。

**現實治療**
反對移情的觀點。移情是當事人拒絕承擔責任的藉口。

**理情行為治療學派**
不鼓勵移情。認為移情是基於非理性信念、要諮商師去喜歡或愛當事人，因此諮商師會面質當事人之移情。

**認知治療**
承認有移情現象，若其妨礙了此時此刻的治療關係，就需要討論。

## 🧠 近代的精神分析學派將治療師對當事人的情緒反應分為（Corey, 2019, p. 185）：

• 在實際治療關係中出現的正向情緒。

• 在實際的治療關係中出現投射的正向情緒。

• 在實際治療關係中出現的負向情緒。

• 在實際的治療關係中出現投射的正向情緒。

## ❤️ 當事人可能的移情表現（Corey, 2019, pp. 187-189）：

• 要讓諮商師變成某個人（如父親）

• 當事人不理會與諮商師的界限

• 將諮商師視為完人

• 當事人對諮商師發脾氣

• 當事人變得極度依賴

• 當事人愛上諮商師

# 4-5　情緒暴衝的處理

　　由於各級學校現在的輔導室與資源教室是連結在一起，事實上特殊生也需要諮商服務，因此從小學開始，諮商師／輔導老師就會遭遇到許多情緒障礙（像是憂鬱、躁鬱症、過動等）的學生，大學階段更是如此，社區也不例外；許多社區的私人心理診所也發現，來談或轉介過來的許多當事人，主訴以情緒議題居多，甚至是人際與親密關係都與情緒脫不了干係！如果在個別晤談時，當事人情緒暴衝，或是有傷人或自傷的行為該怎麼辦？許多私人心理診所雖然按照衛服部規定、安裝了緊急鈴，但是基本上多數沒有與當地警察單位連結（所謂的警民合作），所以除了鈴聲嚇人之外，沒有實際作用！不過，至少可以提醒晤談室外的其他職員，目前有狀況需要處理，只是到底可以如何做有效處置？還是要考驗諮商師的臨機應變能力。在小學校園或是團體裡，也會發現類似的情況，有學校需要當下就發動所有教職員工到校園各處去找人、深怕學生發生意外！

　　當事人在瞬間情緒的驅使下，可能會亂摔物品、衝出去，甚至有跳樓或傷害自己／他人的行為出現，諮商師有時候礙於身體界限的倫理、不敢碰觸當事人，最好熟悉該機構處理的標準程序（如按鈴之後有人會進來處理），或是教育諮商師知道可以如何處理的標準流程。諮商師可以在現場安撫當事人情緒自然最好（要注意態度與語調的穩定），但同時也要做好保護自己的方式。有些當事人可能需要箝制其行動，更需要謹慎小心，記得事後要詳實記錄、說明，以防當事人提告。

　　若發現當事人情緒激動，首要之務是要了解他／她的感受並做確認（如「我了解你現在很生氣，也知道為什麼會這樣。」），要保持冷靜、不要防衛（縱使當事人的反應是針對諮商師），給予當事人適當的距離空間，當事人的眼神與肢體動作是最好預測是否具攻擊性的指標，諮商師要記得求助、不要逞英雄（Brems, 2001, pp. 315-317）。在學校校園裡，女兒牆往往容易讓學生跨越、無法預防學生可能的衝動舉措，危機情況總不能仰賴人數甚少的輔導教師，因此凡是學校教職員，可能都需要接受適當訓練，並固定演練危機處理的標準作業程序，一個班級也需要有若干學生搭配教師做緊急處置（如自殺企圖），每個人都清楚自己要做些甚麼（如求援、找人通知校安與護理師或報警等）；當教師在努力說服或安撫危機學生的同時，其他已受訓的協助學生可以就近準備、隨時動手援助（像是拉住危機學生或求援）。此外校方可以事先與家長商議、簽訂同意書，了解校方在學生有情緒暴衝情況下，可以採取積極行動，甚至強制就醫，也可以免去之後的許多溝通或處置的麻煩。

### 💗 情緒暴衝的處理：

* 確保當事人安全為首要目標。
* 以平穩語調與其對話。
* 同理其當下情緒，但勿過度解讀。
* 不要刻意阻擋其出路。
* 及時通知可支援人力。
* 若當事人有傷害自己或他人之可能性，要與其他支援人員一起行動阻止，也要先保護好自己。
* 必要時，通知校安或警察前來處理。
* 後續需要持續與當事人對話，或請他／她坐下來休息一下。

### 🧠 情緒障礙類型：

| 情緒障礙診斷 | 特徵 |
| --- | --- |
| 注意力缺陷／過動 | 注意力短暫、有衝動控制的問題。 |
| 行為規範障礙與對立性反抗 | 無法維持適當人際關係、無法遵循社會規範。 |
| 焦慮性疾患（包括分離性焦慮、廣泛焦慮、強迫性、創傷後壓力性症候群等） | 身體明顯不適，容易緊張、躁動、坐立不安、情緒激動，或引發生理反應（如嘔吐、頭暈）等。 |
| 情感性疾病（包括憂鬱、躁鬱） | 憂鬱症是經常有不快樂或沮喪的情緒，對喜歡的活動不感興趣、孤立自己，或有自傷或畏縮、有自殺意念等表現。躁症則是情緒過度興奮或愉悅、活動量高、睡眠少、易怒、喜爭論、容易與人起衝突，或過份慷慨、熱心、亂花錢、對自己能力過分誇大或言行誇張。 |
| 精神性疾病 | 妄想、幻覺，或出現所謂的「負性症狀」（如面無表情、情感平淡、思考或語言貧乏、生活退縮等）。 |
| 畏懼性疾患（包括泛慮症、社交恐懼症和恐慌症等） | 其懼怕反應超出平常，甚至或有逃避某特定情境或人物的行為。 |

### ＋知識補充站 ●●●●●●●●●●●●●●●●●●●●●●●●●●●●●●●●●●●●

　　年幼的孩子或許還未學會如何覺察自己的情緒，並用適當的詞彙表達出來，所以會有情緒暴衝的情況發生；青少年則是大腦的執行功能尚在發育、較不能掌控衝動，因此會有情緒暴衝行為出現。現在的社會，卻經常有路暴發生，只要稍不如己意、就可以攻擊或傷害對方或物品，到底是個人問題還是整個社會的問題？

　　學生或當事人情緒暴衝時，有時會讓諮商師很害怕，也擔心當事人失控、做出危險舉動。要切記：勿獨力處理，並將平日訓練的標準程序用上，也不要強力壓制對方，而是思考如何保護當事人與自己。

# 4-6 通報處理

遇到危機情況、有人會受傷或犯罪可能，或是脆弱／危險家庭需要依法通報時，一般的行政人員可能就會逕行通報的作業（遵守規定，要不然會被罰鍰），卻可能沒有思考到通報可能會對當事人造成的傷害或影響（包括影響治療關係），因此諮商師或輔導老師就要站在當事人立場，去思考通報的優勢或劣勢，需要事先評估通報對當事人的影響，以及可以減少的傷害與控管程度。雖然通報與診斷基本上是引入資源、協助當事人或其家庭可以得到更好的對待，甚至是解除或緩解危機，但是也需要去思考可能潛藏的負面結果。在許多人都沒有站在當事人的立場時，諮商師可能是唯一一位為當事人設想的人，因此要思慮更周密，先把通報後可能的情況列出來，找資深督導或長官諮詢，一起商議接下來可能會發生的情況，然後要如何行動？

諮商師或輔導教師除了可以諮詢上級單位、資深督導，或是有經驗的諮商師／社工師，甚或法律人，了解這個通報流程限時多久（一般是二十四小時內）？會涉及哪些人員與程序？接下來的處理是如何？然後要去了解通報的可能後續處理。在進行通報之前，當事人有知的權利（知情同意），因此需要先讓當事人了解：為何需要做通報？可能有哪些人知悉？當事人的擔心為何？

倘若是當事人遭受家暴，而且還是持續的狀態下，諮商師得悉此事，就需要與當事人重申保密的限制，以及需要做通報動作，當事人可能會擔心萬一讓家長或是伴侶知道，自己的下場會更慘，或是家庭會因此分崩離析（自己會成為被指責的對象），可能就不希望諮商師做通報動作，而諮商師也會擔心與當事人之間的信任被破壞，接下來的治療該如何持續？若當事人的確還需要諮商協助（如當事人有自殺危險），又該如何？當然，若需要通報卻不通報，萬一有意外，諮商師就要負起責任，但是諮商師要記得不是自己一個人承擔所有責任，而是還有同事、督導和學校／機構及其他相關人員都要一起肩負其責，因此在通報之前，爭取一點時間，先與長官、督導或是資深諮商師商議討論，把想到的情況一一爬梳及列出，甚至預想解決之方，盡量讓傷害減到最少！

有些通報（如脆弱家庭）還需要與不同單位（如家長、教職員、社工、醫師、社福機構等）做聯繫與合作，或許需要共享資源，也要特別注意資訊與保密的問題；或許不同單位立場不同、會有不同考量，彼此的坦誠溝通是很重要的，畢竟是為一個需要協助的人或家庭服務，總希望可以達到最好的效果！

通報之後，諮商師與輔導教師還是需要持續關切與追蹤當事人的情況，甚至與其他資源保持聯繫與合作，讓當事人可以盡快回復正常生活軌道。

🤚 **目前相關校園安全事件需要通報者有**（整理自林家興，**2023**，頁**102**）：

- 學生意外事件：如自傷、自殺。
- 校園安全維護事件：如性侵、性騷、霸凌、家暴。
- 學生暴力與不當行為：如疑似／霸凌或違法、暴力、偏差行為、藥物濫用。
- 管教衝突事件：如師生衝突。
- 兒童與少年保護違反事件：如兒童／青少年遭性剝削或疑似遭性剝削。
- 自然災害事件：如風災、水災、震災。
- 疾病事件：如法定傳染病。
- 其他。

💗 **重大校安事件處理流程**（黃韻如，**2010**，頁**507**）：

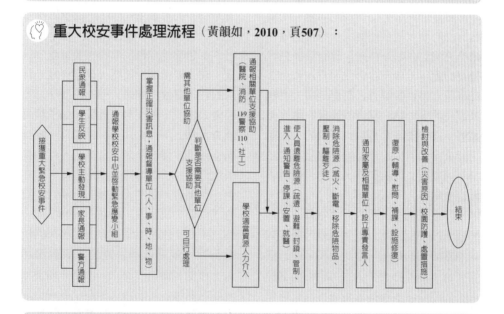

⚙ **脆弱家庭定義：**

家庭因貧窮、犯罪、失業、物質濫用、未成年親職、有嚴重身心障礙兒童需照顧、家庭照顧功能不足等易受傷害的風險或多重問題，造成物質、生理、心理、環境的脆弱性，而需多重支持與服務介入的家庭（行政院107年2月26日核定）。

**＋知識補充站**
　不管是危機情況，或是通報過程與處理方式，都需要翔實記錄，這是必需要注意的專業倫理，也是保護當事人與諮商師的穩妥作法。

# 4-7 處理抗拒

當事人有抗拒（resistance）是必然的，即便當事人是自願來談，總是還懷有一些對於諮商專業或是諮商師的疑慮，即便目前治療界對於抗拒較無負面看法，然而也可以是需要處理的部分，畢竟當事人若不肯合作，諮商的效果就看不到。諮商師可以猜測當事人抗拒的可能原因為何，像是面對一位陌生人，即便對方是專家，但是我要向他／她揭露自己的事，甚至是難堪、痛苦的事，總是無法自在吧？再則，若諮商師更清楚我的處境，會不會對我的看法負面？或者是當事人曾經有過創傷經驗，不輕易信任他人；藉由諮商師展現的開放與誠懇，這些議題都是可以探討的。抗拒可能來自當事人，也可能來自諮商師，諮商師要有敏銳的覺察，就容易發現並做適當處理。

不同學派對於抗拒的看法有異。行為學派認為抗拒之所以產生，是因為沒有做適當評估的藉口，或是使用了不適當的技術；精神分析學派將抗拒視為當事人不想要將之前壓抑或否認、具有威脅性的材料浮上意識層面（對抗焦慮的防衛機轉），是自我保護的一種方式；而存在人文學派認為抗拒是當事人所熟悉的救命索，表示他們這樣是安全的；從人際歷程的觀點看，抗拒則是以往使用過有效、但目前卻無效的生存／適應的因應策略；另外，因為諮商的目的通常

是要造成改變，因此一般人對於改變總是會擔心焦慮（抗拒），畢竟要走出舒適圈，需要很大的勇氣與毅力（Corey, 2019, pp. 81-82）。

當事人抗拒的可能原因有：不熟悉諮商／輔導，或不認為自己需要諮商服務，對輔導諮商有汙名化或標籤（如求助是表示自己是脆弱的，有病的人才去諮商），對陌生人談私事或家庭秘密是不對的，擔心保密的問題，錯不在自己、不想改變或還沒準備好要改變，以及欠缺改變所需的技能，改變會喪失目前的許多資源（如家人不支持改變），改變太快或可能有潛在危險（如事情可能會更糟）等（Culley, 1991）。非自願型或經由轉介而來的當事人，可能會表現出一些抗拒行為，像是逃避（如遲到、不出現、說別人的事）、沉默、敵意或攻擊、找藉口（Doyle, 1998）或一問三不知，也可能當事人表現出來的抗拒行為可能是無傷害性的（表現出迷人、可愛、愉快、幽默、做作、煽情或討好諮商師），乏味、無趣（表現出沉默、困惑、無助、被動一直轉換話題，或敘述時無相對應的適當表情），或挑釁行為（激怒諮商師，或採退縮沉默等策略懲罰諮商師）（Pipes & Davenport, 1990），表現出超理智、避免情緒表露、說些抽象而不著邊際的話、過度仰賴諮商師（Corey, 2019, pp. 85-86）等。

🧘 **治療師可以處理當事人抗拒的方式**（整理自Corey, 2001, pp. 56-57; Corey, 2019, pp. 95-96）：

- 將抗拒視為治療過程裡的一部分，可能表示當事人尚未準備好要進入治療或處理那個議題。

- 若是治療師將當事人的某些行為或表現當成是「抗拒」，當事人也許會覺得被批判、認為抗拒是不對的，因此建議治療師最好是協助當事人去釐清抗拒的表現。

- 治療師必須要了解在諮商初期，當事人會有一些防備與抗拒是當然的，因為對於大多數人來說，來見諮商師是表示事情已經非常嚴重、必須要求助於他人了，而「求助」對許多人來說都是「脆弱」的表現，況且要將自己私人的事對一個陌生人啟齒，也不是非常容易的事！

- 要去了解當事人的抗拒其實有許多意義，不要只將當事人的抗拒「個人化」（personalized）為自己無能的表現，也不需要因此而努力護衛自己，這可能剝奪了治療師與當事人去進一步了解抗拒的真正意義。

- 要鼓勵當事人去探索不同的抗拒行為，而不是要求他們放棄抗拒。若當事人能明白「抗拒」背後的意義，將有助於當事人的自我了解與治療的進行。

- 治療師以「暫時性」（tentative）的方式或用詞說明自己的觀察、直覺與解釋，而不要做專斷的陳述或結論。像是：「我發現只要提到妳父親時，你可能就是簡短帶過，我猜是不是提到這個議題就會讓妳不安？」

- 避免標籤或批判當事人，而是採用描述行為的方式進行，讓當事人知道他/她的行為影響到你/妳了。像是：「今天妳的坐姿似乎比較僵硬，不知道是因為室內氣溫的關係、還是……？」

- 要分辨清楚到底抗拒是出自當事人？還是治療師本身對於當事人抗拒的反應？要監控自己的反應，以免讓當事人的抗拒更強烈。

- 以正向的態度面對抗拒。如果你真心接納當事人、不做防衛的反應，也許就可以消融當事人抗拒的程度。

- 允許當事人表達他/她對你/妳這位治療師的不好經驗或感受，也許詢問他/她要以怎樣不同的方式進行較自在？

- 讓當事人知道你/妳會怎麼做以達成真正的「知後同意」，讓當事人可以充分運用諮商這個協助管道。

- 也要讓當事人知道諮商也有其缺點，也許在剛開始時並不順遂，但是彼此都可以自中獲得許多學習，那麼諮商陷入瓶頸時，也許當事人就不會太容易退縮。

- 與當事人儘量達成問題或諮商原因的一致陳述，讓彼此有共識，然後儘量用可以處理的小步驟、慢慢解決問題。

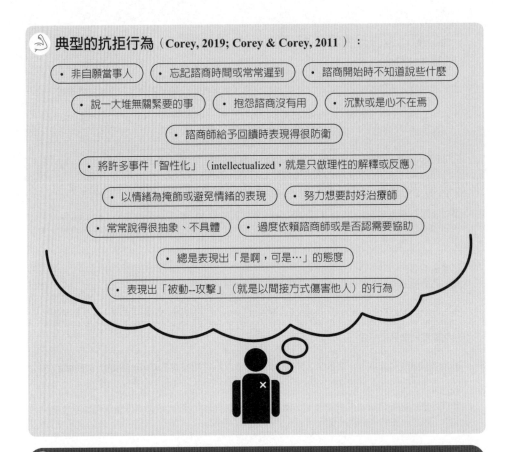

典型的抗拒行為（Corey, 2019; Corey & Corey, 2011）：

- 非自願當事人
- 忘記諮商時間或常常遲到
- 諮商開始時不知道說些什麼
- 說一大堆無關緊要的事
- 抱怨諮商沒有用
- 沉默或是心不在焉
- 諮商師給予回饋時表現得很防衛
- 將許多事件「智性化」（intellectualized，就是只做理性的解釋或反應）
- 以情緒為掩飾或避免情緒的表現
- 努力想要討好治療師
- 常常說得很抽象、不具體
- 過度依賴諮商師或是否認需要協助
- 總是表現出「是啊，可是…」的態度
- 表現出「被動--攻擊」（就是以間接方式傷害他人）的行為

治療師的抗拒（Teyber, 2000/2004）：

不想與抗拒的當事人工作、未能覺察與治療有關的決定或衝突；想要當事人喜歡自己，即便覺察到當事人的抗拒、也想要忽略或不敢證實；擔心或迴避當事人的批判、故意忽略或隱藏當事人的抗拒；諮商師的文化或教養不鼓勵去探索他人內心感受；擔心當事人有激烈或自己無法處理的情緒。

＋知識補充站 ●●●●●●●●●●●●●●●●●●●●●●●●●●●●●●●●●●●●●●●●●●

　　處理抗拒需要鼓勵當事人開放討論，了解抗拒的意義，將其視為諮商過程中探索的議題（Corey, 2019, p. 79）。限制或是禁止改變，也是可以處理當事人抗拒改變的方式（Weeks & L'Abate, 1982/2001, p. 138）。諮商師覺察到自己的抗拒可以省思：是否與當事人的關係反映了自己平常的人際模式？自身是否有未竟事宜需要去處理？

# MEMO

# 4-8 沉默

新手諮商師較擔心或害怕晤談過程中的沉默，或不能忍受沉默，因此其焦慮就會表現在填補沉默的空檔——不管是說了太多話，或是問了過多的問題——反而讓當事人侷促不安。新手諮商師的害怕包括：擔心當事人覺得無趣、焦慮、批判，或是卡住，也擔心自己無能或說錯做錯、不能協助當事人（Hill, 2020），或是將沉默視為當事人的抗拒。倘若諮商師說太多話、問太多問題，也表示了諮商師本身的焦慮與不安，不一定有助於治療關係，甚至被懷疑自己的專業性。諮商師如何看待沉默或是處理沉默，也是需要處理的議題。

沉默是諮商師可以使用的技巧之一。當事人的沉默或許表示不知如何回應諮商師的問題、不願意回應、仍在困惑之中，或者是思考停頓，諮商師可以試圖去理解當事人的內在動力或想法。對諮商師而言，沉默有其功能，像是：給當事人時間釐清自己的感受與想法；給當事人時間去思考該如何回應；給當事人準備的時間；而諮商師也可以試著反映當事人沉默的意義或原因（Henderson & Thompson，2015/2011, p. 3-19）。Culley（1991, p. 39）則是指出沉默是要讓以下三者取得平衡：賦能當事人、提供空間讓當事人可以反省思考，以及協助當事人面對自己的不舒服感受；另

外，沉默可允許當事人在不受打斷的情況下做完整陳述，讓諮商師有時間與當事人的內心世界連結、同理當事人之處境（Hill & O'Brien, 1999, p. 87）；讓諮商師與當事人去思考方才所談的內容或感受，或是思考該如何表達；有時討論的內容張力太大，沉默可讓彼此情緒舒緩一下或調整一下情緒；可讓當事人去思考下一步該怎麼做，而諮商師則是反思自己的處置方式或可能的下一步（邱珍琬，2022，頁119）。

新手諮商師較不能忍受沉默，總是想要打破沉默、說一些話，有時候可能擾亂了當事人的思緒，或者是展現了自己的焦慮，沉默可以表現出諮商師的同理、給出時間讓當事人沉澱或冷靜一下的空間、有機會沉思，就像是交情很好的朋友一樣，沉默也是可以接受的，不需要老是一來一往、彷彿沒有空隙。倘若當事人對於沉默似乎感覺不舒服，諮商師就可以打破沉默、問問當事人的感受。

在團體諮商中的沉默是可以提出來討論的，探討團體出現沉默的可能因素以及成員們的感受，大家不會忌諱沉默，沉默是可以被接納、包容的，有時候更能加深成員彼此的信任與團體凝聚力。當然，若是常常沉默或是沉默時間太長，也需要做適當處理。

**小博士解說**

新手諮商師對於沉默會感覺焦慮，所以許多會急著說話，或問問題。就如同在日常生活中，我們也需要學習與沉默共處：在沉默中，可以讓思緒暫停一下，或者是整理一下之前的想法，甚至讓自己喘一口氣、想想接下來要做什麼。

## 諮商師針對沉默的反應示例： X

1. 諮商師：「不急，有時候停下來思考是很重要的。」
   諮商師：「沒關係，正好休息一下、調整心情。」
   諮商師：「我們有時候是需要停下來、讓自己沉澱一下。」

2. 諮商師：「我很好奇剛剛那一段時間你經歷了什麼？」
   諮商師：「剛才那段時間流動，帶給妳什麼感受？」
   諮商師：「剛剛你停頓了一段時間，表情較為凝重，是想到了什麼嗎？」

## 沉默在諮商中的功能（Chen & Giblin, 2018, p. 101）：

諮商師
- 鼓勵當事人探索
- 鼓勵當事人將對話的重量帶著走
- 允許諮商師重新整理自己的思緒

當事人
- 允許自己去理解自己的感受或想法
- 允許自己慢慢攪動自己的感受
- 允許一些事件的記憶開始浮現

## 諮商師及當事人如何使用沉默（Chen & Giblin, 2018, p. 101）：

諮商師
- 去思考等一下要說些甚麼？
- 刻意在晤談中製造沉默，讓責任回到當事人身上。
- 當發現當事人可能有新的領悟時，有目的地選擇不回應。

當事人
- 當事人可以利用沉默時間去消化自己的頓悟，或是有更深的探索。
- 退到沉默中，當事人可以慢慢有新的覺察。

# 4-9 預防復發 (relapse prevention)

改變要能夠持續下去，才是真正的改變，而不是暫時出現好轉情況而已！當事人的困境或問題儘管出現了療效、也有了改變，但是許多的議題可能會重複出現或是徵狀復發，因此諮商師在治療結束之後，還是要提醒當事人復發的可能性，同時也要對可能的復發情況做預防及演練行動。即便當事人在晤談進程中，慢慢有了改變的動機，甚至開始執行行動，有了諮商師的陪伴與共同商議，可以適度修正改變計畫或行動、讓改變更成功，也企圖排除及解決改變的阻礙；然而在當事人結束治療關係之後，其在執行改變的過程中，就少了可以商量的對象與支持，甚至會因為當事人的改變，而遭受周遭重要他人與環境的抗拒和阻攔，當事人很有可能會回復到改變之前的行為（復發），因此諮商師在與當事人或團體成員結束諮商／團體之前，就要與當事人／成員預測未來可能妨礙改變進度的情況有哪些？屆時可以如何因應？甚至求援的方式又有哪些？以讓改變可以持續下去。

憂鬱症患者需要一輩子都與憂鬱共處嗎？還是可以擺脫它的掌控、過正常生活？因此諮商師在與身心科醫師合作協助憂鬱症者前提下，也需要提醒當事人與其家人監控其用藥的情況、固定看診拿藥，堅固其支持系統與關係（如家人、友朋），維持良好生活作息（包括培養一些嗜好與活動），必要時找諮商師協助；倘若發現情況不對，或是有發展性或突然的壓力出現，就與家人或朋友一起商議、討論接下來可以怎麼做，千萬不要自己獨力承擔。

一般的預防復發，較常用在藥癮或是酗酒者身上，畢竟許多藥物上癮者，腦部已經受到藥物的影響而改變，若一旦停藥、就會有嚴重的戒斷症狀，其渴求藥物、立即減緩症狀的衝動就更強烈！像是藥癮者，若是進入勒戒所通常會經過三個時期的適應期：生理戒斷（即身體不再使用藥物）、心理戒斷（斷絕對藥物的依賴）與社會適應（重新準備進入社會過生活）。只是許多藥癮者一旦走出勒戒所，面臨的是工作、家庭等挑戰，還有社會的汙名化，許多人回到了熟悉的地方與友伴團體裡，在諸多壓力都不得緩解、問題尚待解決的情況下，很容易失去信心或勇氣去面對，加上支持系統薄弱，就更容易讓自己回復到過去的生活習慣裡、再度使用藥物。目前還有其他的上癮行為也引發注意，像是網路上癮、飲食失調、賭博上癮等，預防復發的策略中也要注意遠離（如用藥或酗酒同伴）或減少危險因素（像是在壓力或衝動下用藥），而重要他人的支持與自律習慣／自我效能感，是成功防止復發的關鍵！

### ♡ 防止復發示例：

「台灣精神醫學會」最新公布的《發展我國精神醫療早期介入及長效針劑臨床指引》，可以透過下列方式幫助思覺失調者穩定病情、預防復發（引自台南市衛生局。https://health.tainan.gov.tw/page.asp？mainid=BDC04606-0590-4EE8-8AE8-AE180031C988）：

1. 提醒依照醫囑用藥。
2. 鼓勵參加心理社會復健活動。
3. 幫忙避開使用非法物質或酒精。
4. 維持健康的生活飲食、作息，照顧好自己的身體。
5. 建立生活常規，避免作息混亂。
6. 不要挑戰過大的壓力。
7. 發展溝通和問題解決能力來面對無法避免的壓力。
8. 習慣有人可以說說話、發展支持網絡。
9. 有好的資訊來源。
10. 有穩定的住所。
11. 接納生病後的自己、調整自我期待、對生活保有希望。
12. 體驗有意義的工作、就學、就業、和興趣。
13. 共同面對可能會有的偏見、汙名、歧視、標籤化等問題。
14. 留意可能快要復發的徵兆。
15. 協助共度危機、必要時幫忙緊急就醫。

### 預防藥癮復發（法務部矯正署台中戒治所
**https://www.tcj.moj.gov.tw/331931/331948/331955/585750/post**）：

| 與復發有關因素 | 復發可採取策略 | 策略說明 |
|---|---|---|
| • 是否與使用毒品的朋友交往？<br>• 是否有規律的生活作息？<br>• 是否有穩定的工作？<br>• 是否有應對高危險情境技巧？ | • 技巧訓練：對高危情境之行為認知的反應訓練 | 1. 遇到毒友如何拒絕？<br>2. 情緒緊張如何放鬆？<br>3. 人際衝突如何解決？<br>4. 身體病痛如何消除？<br>5. 戒癮行為的養成。<br>6. 放鬆技巧訓練。<br>7. 壓力管理。 |
| | • 認知重整 | 1. 改變用毒習慣過程之了解。<br>2. 復發之早期危險信號與處理。<br>3. 失誤、失足並非代表失敗。 |
| | • 生活型態的調整 | 1. 調整不平衡生活方式，增加想做的事情。<br>2. 建立規律的生活作息。<br>3. 固定的工作。 |

### ＋知識補充站

　　藥物上癮復發因素主要是：環境因素（家庭、社會與工作）、人格特性及心理因素與行為因應方式不良。藥癮者無力因應環境壓力，加上人際衝突引發再度用藥的情況（「藥癮者復發風險預測之實證研究」，張伯宏、鄭安凱、郭文正，2014，引自中華民國犯罪矯正學會 https://www.corrections-cca.org.tw/index.php？do=publications_detail&id=14740）。

# MEMO

# 第五章
# 團體諮商技巧

# 5-0　團體諮商技巧

團體諮商或是輔導所使用的技術，雖然若干與個別諮商重疊，但是也有許多不同之處，畢竟諮商師擔任團體領導，除了需要有團體諮商的設計與帶領知能之外，也需要對所服務族群的發展階段，以及關切議題／主題的深度認識，還要加上創意、彈性變通與反應能力，在這些條件具備下，或許在做團體諮商時會較有把握；當然，團體與成員都是極大的變數，要培養一位能夠勝任的團體領導，還是需要下許多功夫。團體領導所使用的技術，許多已在本書第二部分呈現、就不再贅述，本部分所呈現的團體技術較屬於團體領導者之催化（facilitation）能力，其中諸多技術在較為民主平權的諮商團體中，也可以由領導者示範、其他成員學習並運用之，甚至將所學的遷移到日常生活中。

團體諮商領導者最重要的是「催化」功能，也就是能夠讓成員願意做相關主題的自我揭露、彼此互動交流，畢竟團體成員在團體中學習最多的就是人際交流。大家之所以聚在一起，是因為對主題有興趣，可以聽聽他人的經驗、分享自己的想法，甚至自他人身上得到解決之道與勇氣，願意身體力行、讓自己的議題獲得有效紓解或是體現在團體外的一般生活裡。

一般的諮商師培育機構，會以人類發展、普通心理學、社會／人格理論、諮商理論、助人歷程、個別諮商、團體諮商，接著才是實務與理論結合的訓練（如兒童輔導與諮商、家庭／伴侶諮商，及不同學派的理論與實務）順序進行課程訓練，倘若中間出現差池，像是個別諮商與團體諮商同時進行，往往讓學生手足無措，不僅不清楚個別諮商的運作、更難將其拓展到團體實務上，當然也無法在團體諮商中發揮效能。

最好的團體諮商領導者訓練包括：讓學生參與課程外（不同）團體、擔任團體觀察員（紀錄和與團體領導討論團體動力、自資深領導者身上學習）、在諮商團體課堂上練習輪流帶領（班上同學是當然成員），以及與一位同僚輪流帶領一個諮商團體（共同設計團體主題、流程、評估與討論），最後才是獨立設計與帶領團體。要成為有效能的團體領導者，可以參加課程外的團體越多越好，就像是成為諮商師之前，最好先擔任當事人一樣，可以藉此更了解參加團體成員的感受、挑戰與收穫、感受團體動力。然而，因為每一位擔任諮商師訓練的教師可用資源有限、或是個人教學的獨特性，不一定能夠讓學生都有這些體驗，加上學生的主動積極性有差異，因此團體領導者的訓練，在諮商師課程裡一向是不容易的，而成熟、有效的領導者，可能需要經過近十年的刻意磨練，才可能駕輕就熟！

◎ 進行團體輔導／諮商重要原則：

| | |
|---|---|
| **團體不是團康活動** | 即便團體諮商的參與者是年紀較小的孩童，設計團體時會穿插較多的活動，但是活動的設計一定要與主題相關，而且在活動完後、立即進行討論或問答，這樣才能夠顯團體的動力與人際學習的效果，因此不是像團康活動一樣有趣、好玩就行，還要考慮想要達成的目標為何？ |
| **團體領導需要具備對團體動力、團體主題、參與成員發展階段與任務等之知能** | 也就是要清楚團體的形成、不同階段任務與特色，以及催化團體進行的技能；還需要了解所服務的族群與特點；以及了解團體主題的相關知識。 |
| **團體領導者需要創意與應變能力** | 團體裡面成員眾多，許多意想不到的狀況都會發生，因此領導者需要有創意與應變能力，方可因應諸多情況，如果一時慌了手腳，甚至思考凍結，往往無法持續進行，也會讓團體停滯、成員束手無措。 |
| **團體不是跑完流程就行** | 設計再完美的團體方案，都還是需要隨著團體的進程而做適當的修正，因為團體裡面參與的成員是最大的變數，總是會有許多的意想不到出現。諮商團體的目的不是把設計好的流程跑完就行，而是要能達到成員之間互相交流、學習的目標，因此照本操作往往行不通；除了在設計團體方案時需要先預演一次（實際的或是思考上的），還要有一些準備（包括方案二或三、討論的題目可能會有哪些答案出現、會不會造成秩序上的混亂或是有衝突出現），即便如此，還是需要有臨機應變的能力（像是替換活動或題目、改變流程或內容），因此擔任團體領導需要有相當的功力！ |
| **團體是成員們的團體，不是領導者的** | 領導者的人格特質會影響到團體氛圍與進行。從團體最初，領導者可能負有較大責任，接下來就要慢慢將權力與責任還給成員。 |

**+知識補充站** •••••••••••••••••••••••••••••••••••••••••

　　團體輔導／諮商是同時一（諮商師）對多（位成員），在經濟與效益上是最節省成本，且收效最快、最多的。對參與的成員來說，可以從人際學習中見到楷模、獲得情緒與改變的支持，以及矯正過往的不適應基模與經驗，且較容易將在團體中所學運用到日常生活中。

## 為何需要團體（Jacob, Masson, & Harvill, 2009, pp. 2-5）：

| | |
|---|---|
| 經濟效益 | 就時間與需要投注的心力來說，比較有經濟效益。因為個別諮商是一對一，團體諮商是一對多，在人力不足的情況下（特別是學校單位），團體諮商是最符合經濟效益的，不管是在建議或諮詢、價值澄清、個人成長、支持與問題解決議題上都是如此。 |
| 共同經驗 | 發現自己不孤單，因為其他人也有相似的經驗或關注議題。 |
| 更多樣的資源與意見 | 若有許多人在團體中，自然可以提供的資源或意見就更多，使得團體經驗更有趣、更有價值。 |
| 歸屬感 | 團體成員因此認為自己是團體中的一員、有個屬於自己與依附的團體。 |
| 技巧練習 | 團體可以是一個安全與支持的場域，讓成員們練習新的技巧與行為，然後將其遷移到團體外的日常生活中。 |
| 回饋 | 團體成員間彼此可以接受回饋及回饋給對方。 |
| 替代學習 | 成員之間有類似經驗或議題分享，包括成功與失敗的經驗，從他人的經驗中可以間接學習到許多知識與技巧。 |
| 真實生活的情況 | 團體像一個社會縮影，也較貼近真實的生活情況，可以暫時性地取代所生活的社區。 |
| 承諾 | 團體成員也會因為團體的期許與同儕壓力，會更願意承諾做改變，像是「戒酒匿名團體」、戒菸、減重團體等。 |

## 團體諮商的效益（Forsyth, 1996, cited in Forsyth, 1999, p. 67）：

| （一）歸屬感： | （二）親密感： | （三）生產力： |
|---|---|---|
| 成員被包括在一個團體中，滿足歸屬與安全的需求。 | 尤其是凝聚力強的團體，提供成員溫暖、支持與彼此關愛。 | 協助成員增加生產力，完成個人與團體目標。 |

| （四）支持： | （五）影響： | （六）探索： |
|---|---|---|
| 協助成員解決生活中大大小小的危機，不管是提供了情感支持、或有效的資源。 | 用社會力量與影響力，提供方法給予他人影響（或對他人生活有助益）。 | 可以提供資訊、新的想法或體驗。有些成員也在團體工作中，覺察到自己未處理的議題，願意去尋求諮商協助或做進一步解決。 |

# MEMO

# 5-1 催化、開啓或引出 （initiating）

帶領團體需要運用到一些個別諮商的技術（如專注、傾聽、同理、解釋、摘要等），但是領導者最主要的工作是「催化員」（facilitator），也就是要讓團體成員彼此互動交流、凝聚團體的動力，讓成員們可以將在團體中所學運用在團體外的生活中，因此團體領導者還需要除了個別諮商以外的許多團體技術，也可以說「催化」是一種技術的統稱。

團體領導者的催化技術一般有鼓勵成員發聲、給予回饋、摘要、自我揭露、連結相關議題或重點（包括連結到團體主題）等；或是協助成員表達自己的擔心和期待、協助營造團體安全與接納的環境、在成員嘗試新行為時提供鼓勵與支持、協助成員克服直接溝通的障礙、讓成員參與更多或可挑戰成員、讓成員間做直接對話及表達不同意見、鼓勵成員公開表達其衝突或矛盾之處等（Schneider Corey et al., 2014, p. 38）。隨著團體的進行，尤其是成員年紀較長的團體（如國小高年級以上成員），領導者就可以將責任與權力慢慢移轉到成員身上，自己則像是「類成員」的角色、加入團體，不需要承擔所有催化或引領團體的責任，這也是基於諮商團體的平權民主精神，也回歸團體給成員。催化的許多技巧，主要目的就是讓團體可以流動，成員可以自由揭露、回應與發表自己的想法或意見，本章所述的都可以是團體領導使用的催化技巧。

領導者對團體主動提供方向、結構，甚至採取行動，協助成員聚焦、修通障礙或解決衝突等，是開啓許多後續行動的先鋒、也有示範意味（Jacobs et al., 2009）。領導者可以藉由以下方式來進行：用溫暖和善的語調邀請成員分享或回饋；以眼神或肢體動作來邀請；同時邀請兩、三位成員發言，較退縮的成員就不會感受到威脅；以分組配對的討論方式進行，較害羞的成員就較願意分享；以媒材（如圖卡、畫圖、完成語句、書寫、桌遊或活動）做中介；將活動最後落點安排在想邀請的成員身上；以「繞圈子」方式邀請所有成員參與（Jacobs et al., 2009, pp. 177-180）。在每一次團體開始進行時，會較難開啓，有時候以寒暄、問候或是聊聊前一週的心情開始，摘述上週團體內容，或以前一週的家庭作業討論開始，也是不錯的方式，這樣就可以讓成員慢慢進入團體。若領導者發現團體可能當下的氛圍較高亢、或是成員較為躁動，也可以用正念或靜心活動開始，讓成員準備好進行接下來的活動；或是成員情緒較低落、團體氛圍有些停滯或冷清，也可以先讓成員有走動、活動筋骨的機會，緩和一下氣氛。

## 💙 團體技術一覽表（Jacobs et al., 2009, Schneider Corey, et al., 2014）：

**▌積極傾聽：**
把舞台讓給成員、專注聆聽，注意語言與非語言訊息，不要理會下一步該做什麼。

**▌催化：**
是團體領導者最重要的工作。促進成員互動，主要目的是讓團體可以慢慢自行運作，成員可以充分體會到團體的動力與效能。

**▌開啟或引出：**
領導者主動提供團體方向、結構，甚至採取行動、協助成員聚焦、修通障礙或解決衝突等，也是開啟許多行動的先鋒，還有示範的意味。

**▌摘要：**
將成員所表達的內容以自己的語言說出來，可藉此清楚團體要走的方向，甚至可以統整、理出或深入成員共同關切的議題或要點。摘要可聚焦，讓領導者決定是否停留在原議題上、或是改變議題，也有助於話題的轉換。

**▌情感反映：**
將成員明顯或隱微未說的情緒表達出來讓他／她知道，也可以讓發言者對於自己所說的更有覺察。

**▌同理：**
站在成員立場思考他／她可能會有的情緒、想法或做法，然後表達出來。

**▌澄清：**
運用在團體初始階段相當有效。協助成員聚焦在深層的議題上，也找出混淆／模糊或衝突的感受，還可以釐清自己是否理解成員所說的。問問題、重述語意或由其他成員來釐清，都是澄清技巧。

**▌詢問或問問題：**
多問「什麼」與「如何」的問題，可以引導與提升成員的覺察。

**▌連結：**
可以就成員所說的內容做統整與連結，歸納相同議題或是看法，甚至是與討論主題或團體主旨的連結。

**▌支持與鼓勵：**
當成員進入陌生環境或議題，或是嘗試新行為時可以使用，能夠減少成員焦慮、促使其分享，但太快或過度的支持可能會讓成員懷疑。

**▌回饋：**
針對成員所說的內容給予回應，並示範給成員學習如何回應。

**▌解釋：**
對某些行為提供適時適當的解釋，可以針對個人或團體。

**▌面質或挑戰：**
面質不是攻擊、而是關心。當發現成員前後不一致、或者是語言與非語言訊息有差異時，可以適當使用面質或挑戰，也可以讓討論的議題更深入。

**▌評估：**
領導者有時候需要有辨識病徵或探詢行為肇因的能力，以為必要處置的依據。

## 團體技術一覽表（Jacobs et al., 2009, Schneider Corey, et al., 2014）：

**▍評量：**
評量團體進行的過程與動力，也可教導成員做自我評量與團體評量，以為後續的改進。

**▍建議：**
提供成員發展替代想法或行動，可以不同方式進行，如訊息提供、規定家庭作業或實驗。

**▍結束：**
讓成員學習如何與成員或團體做結束動作。每次團體與最後一次團體結束時，都需要運用的技巧，甚至是每一次的討論都需要有結束動作。

**▍示範或教導：**
團體領導的以身作則或是說明，展示在團體要學習的能力或技巧，像是如何做回饋、連結或「我訊息」之使用等；而領導者也展現了領導者的風範、態度與處理事情的方式，可資效法。

**▍阻擋：**
當成員滔滔不絕、離題，或是有攻擊、洩密、侵犯他人隱私等行為時，可做適當的阻斷與阻止動作，並檢視行為背後的意圖。

**▍團體基調的設定：**
為團體建立一種氛圍，藉由領導者的言語、行動，以及容許團體裡發生的情況來設定。物理環境的因素也很重要。

**▍眼神運用：**
用來蒐集成員互動的相關訊息、或個別的語言或非語言訊息，邀請或阻斷成員發言，也可引導成員與其他成員有目光接觸。

**▍聲音運用：**
不同的語調或聲量可以表示不同的意義，用來影響團體的氛圍、步調或內容。使用堅定、友善而自信的口吻，有時也要表現溫暖。

**▍領導者活力：**
如同在個別諮商一樣，領導者需要維持適當的活力，因為會影響成員的動力與團體氛圍，所以領導者的自我照顧很重要，要在每次團體進行前，調整好自己的精神與體力。

**▍辨識盟友：**
找出領導者可以信任、合作、有幫助的成員，可以帶領成員做適度冒險、活動或討論。

**▍自我揭露：**
領導者的自我揭露表示領導者也是一般人，經歷或處理過成員正在探討的議題；同時能示範或教導成員如何做自我揭露，讓團體成員為自己發聲、凝聚團體動力、讓彼此更靠近。

**▍資訊提供或小型演說：**
提供必要的資訊或是做簡單說明，可以讓成員從領導者身上與接下來的討論中學習。

**▍繞圈子：**
若成員不清楚自己或是自己在團體成員中的模樣或定位，可以以繞圈子方式尋求其他成員的回饋。這是完形學派的技巧。

# MEMO

# 5-2 回饋（feedback）、摘要

　　「回饋」是團體領導者優先要教導成員的一個技巧，通常是領導者先不斷在團體過程中示範，成員就會慢慢學起來。畢竟成員們在專注傾聽之後，說話者會希望知道其他人的反應如何，最怕自說自話、沒有共鳴，若沒有人做回應，可能下一位要說話的人也會怯步，而已經發言者下一次不一定願意發聲，因此讓已發言的成員可以從其他成員那裡獲得回饋，讓他 / 她知道其他人對他 / 她所關切議題的感受或反應如何（Hill, 2020, p. 132）。領導者示範回饋的方式有：（一）正向回饋先於負面回饋，成員較容易聽進去；（二）給予明確具體的回饋，而非抽象籠統的；（三）在團體初期多給予正面回饋，等到團體後期，成員就較有能力接受較多的負面回饋，領導者也要注意正負面回饋的平衡；（四）成員較容易接受其他成員給予回饋，而非自領導者處（Riva, Wachtel, & Lasky, 2004, p. 42）；有效的回饋會提升當事人的自我覺察並採取改變行動（Brammer & MacDonald, 1996, cited in Hill, 2020, p. 336）。絕大部分的領導者會身先士卒做回應，也許是鼓勵與支持發言者願意說出來、節錄發言者所說的重點、或是摘要說話者重要的內容與感受、或是自我揭露本身對於發言者所說的感想與聯想。很重要的是不要做「批判」，有些成員可能就發表了自己的喜惡或有批評的意見，領導者要記得提醒發言者、或是做阻擋的動作。若要成員在某位成員發言後立即做回饋，其實會有難度，領導者不妨讓成員有思考的時間，或者是先連結與前一位發言者的相同或相異處，有個起頭會好一些，甚至只是邀請成員說說類似事件與心得就可以，而給予成員的回饋，也要注意「過程」努力與「結果」的平衡。

　　「摘要」就是抓取成員所陳述的幾個論點、想法或主題，跟覆述相近（Hill, 2020, p.131），其功能在於摘取重點或是提醒，也有整理、聚焦與釐清的作用。摘要運用的場合包括：聆聽成員述說一段之後，或是成員討論一陣子之後，甚至是當此次團體時段要結束之前，都可以使用。然而，就如同在個別諮商時一般，摘要不一定由領導者來做，許多領導者在團體進入初期之後，就可以將摘要的權利下放給成員，或許是用很簡單的引言如：「今天我們在這裡談些什麼？」然後由成員紛紛提出。剛開始時，成員或許較不主動，領導者可以用邀請的方式，請個別成員來做摘要、其他成員補充的方式，等到成員們熟悉摘要為何物，或許就可以更自動自發。摘要雖然理論上是摘述內容，但是也可以將過程中的同理情緒帶入，甚至是加上給予發言者鼓勵、打氣的話語，可以讓摘要更周全。

## 回饋示例：

領導者：「剛才阿智提到進入研究所之後需要調適的部分，像是工作分配、調整時間，甚至是人際互動的部分。有沒有其他人有類似的感想或其他？」

領導者：「謝謝小芳的分享，請讓我再提醒一次，我們團體的規則之一，是在團體裡可以針對成員所說的做回應，但是請仔細聆聽、給予正向回饋，或是讓你/妳聯想到自身的什麼情境或感受，不要有評斷或批判。」

### 💗 給予回饋注意事項（Hill, 2020, p. 337）：

- 要謹慎。對某位成員有相當了解之後，提供自己的觀察。
- 以描述性方式進行、而非評價。
- 給予的回饋是成員可以做到的事。
- 要及時、不要拖沓。
- 要以同理的態度給予回饋。

### 💗 給予建設性回饋以增強回饋之效力（Chen & Giblin, 2018, pp. 178-179）：

★只給可增加行動力（action-able）的少量劑量：每一次給予一點點，過多可能會造成困惑。

★以描述方式持續回應、避免批判：描述成員的行為與你的回應。

★要謹慎小心：在成員即將有頓悟、自己卻還未完全意識到時，給予回饋。

★選擇適當字眼、顯示治療關係是如何被影響的：聚焦在成員的行為如何影響治療關係或團體。

★聚焦在此時此刻。

### 摘要示例： Ⅹ

**1.** 成員一：「我是一個沒有自信的人，很擔心別人會怎麼看我。」
　　成員二：「要怎麼說有自信呢？有時候我們還是要顧慮到別人的想法或感受吧？」
　　成員三：「就不能說自己真正的感覺嗎？要假裝還是怎樣？」
　　領導者：「剛剛大家提到與人互動，可能需要顧及他人、不能真正表達自己所想，但是要怎麼在說真話的同時、還保有自我？」

**2.** 成員一：「我是不敢直接跟我爸講話的，我媽通常就是那個傳話人。」
　　成員二：「小時候我跟我爸爸算親，只是後來不知道怎樣，就漸行漸遠。」
　　成員三：「我是覺得男人好像有一種矜持，不好表示出自己是可以親近、或是溝通的。」
　　領導者：「大家說了有關父親互動的感受、總是不太親近，是不是因為男性框架的緣故？」

# 5-3 連結、角色扮演與演劇、心理劇、教育與示範

連結不同成員（或所談）的相似點，或者即便談的似乎是不同事物、卻有共通之處，或是連結主題等，都需要靠領導者的經驗與智慧。連結需要站在更「高」或「抽象」的角度來看成員們所談的內容，才可能看見相似或相異處，要不然成員只是說自己的、彷彿並無相關，在團體中難有共鳴、不知與主題的關聯在何處？也會造成團體成員的分享只停留在表面、無法更深入。連結成員們所提的是否有共通處？進一步將其與團體主題做對照、看看有沒有關聯？還可以做出淺入深的連結（如：「之前我們都談到家人關係的重要，但是如何處理矛盾或意見不同處呢？剛剛小華提到了這一部分，我們也可以延伸。」連結也可以連結前後兩次團體的討論重點或主題，甚至是團體裡外的相同或不同處。

對於年紀較小（成人以下）的當事人，**演戲**是一種不錯的選擇。可以用情境劇或是沒有腳本的即興劇，讓成員發揮，或許會有一些無厘頭的情況出現，但是也給成員們抒發情緒或發揮創意的機會，不必太在意；當然，若在演劇之後，可以做討論、甚至提問一些與主題相關的問題，更能切中提要、做更深入的了解和學習。演劇可以有既定腳本或是讓成員自己發揮，只要有主題、且符合團體目標，也都可以運用，演完之後的討論或分享極為重要，有時候演劇也可以讓成員習得解決問題的方式。

此外，「**角色扮演**」（請參照本書第三部分）也是一種試驗、或是演練技巧的方式，可以讓成員在經過練習之後，較有勇氣在團體外執行相關技能或行動，這就是團體的學習遷移——將所學運用在團體外的生活中。

**心理劇**也是一種團體形式，雖然依據的是完形學派的實驗理念，但是也可做適當運用在諮商團體工作中，增加團體的張力與深度。心理劇是行動取向的團體諮商，讓當事人透過角色扮演的方式去探索問題，同時重建情境為演劇單元、促成洞察（Schneider Corey, et al., 2014/2014, p. 132）。心理劇可能引發成員強烈的情緒，倘若在演戲中出現問題，通常是需要導演介入處理，讓接續的討論更有深度、且切中主題。心理劇中有導演、主配角與觀眾，主角可以自行由提出議題者自己擔任或是由他人擔任，往往是呈現已發生過的事件，但是導演可以從中介入、讓裡面的演員有不同的行動或作法，成員藉此產生頓悟或領會，接下來觀眾可以加入討論，提供更多元的觀點給提出議題或演劇者，而其他成員也因此有不同的學習。參與演出者最後要有「去角色」的動作，通常是甩手或是走一走，讓自己回歸原來的位置與角色。

在教育與發展意味濃厚或是團體成員較年幼的團體（可稱之為「輔導團體」），領導者的示範、引導、技巧說明與練習、預演或角色扮演等，可能成分會多一些，所謂「不教而成謂之虐」，要在成員準備好的情況下，才讓他／她去實驗或是練習新技巧。在一般成人團體，有時候領導者也需要做一些**教育與示範**，包括如何在團體中作為（傾聽與不批判）、團體技巧的示範（如給回饋、支持、摘要、連結），或是演練一些需要熟練的技巧（如「我訊息」怎麼做、肯定訓練、「空椅法」如何進行）。對於年齡較小的成員，有時候還需要先做行為步驟分析，一步步邊說明、邊做動作，也讓成員上來演練或做分組練習，等到成員們都可以運用裕如了，才鼓勵成員在團體外的生活情境中使用。

## 連結示例： 　　　　　　　　　　　　　　　　　　　　　　　　　　X

**1.** 領導者：「剛剛你提到擔心自己說出來的不重要，就像之前小月說到害怕其他人對自己的看法，這兩個是不是很像？」（連結不同成員或主題）

**2.** 領導者：「我們前幾分鐘所談的內容，似乎都放在與人相處的『難』上，大家都有不同的經驗與觀察。我們現在可不可以再細談，哪些人會讓我們覺得不好相處？」（連結團體的主題）

**3.** 成員一：「我覺得很難。像我老是在婆婆與小姑之間，兩邊都不敢得罪，但是也覺得自己裡外不是人。」
　　成員二：「跟婆婆還好，至少婆婆願意聽我說，但是碰到小叔與小姑，我真的是很煩、怎麼做都不對！」
　　成員三：「我之前也是不知道自己應該要向誰？聽他們各說各話也很為難，後來搬開、有自己的房子，只是他們有意見不同、總會拉我進去，電話裡還是各自表述。」
　　領導者：「聽起來大家似乎對於自己在婆家中的位置，有許多經驗與為難。」

## 心理劇重點摘要（整理自邱珍琬，2012，頁136；Blatner, 1996/2002）：

| | | |
|---|---|---|
| 是一種團體治療形式 | 以人際關係為基礎的治療 | 具有頓悟與情緒宣洩功能 |
| 五個基本元素：舞台、導演、主角、輔角與觀眾 | 進行程序是：暖場、演出與分享 | 強調邀請主角演出其生活中的場景 |

## 教育與示範示例： 　　　　　　　　　　　　　　　　　　X

**1.** 領導者：「今天我們來練習一個叫做『正念』的放鬆方式。首先請大家輕輕閉上雙眼、把注意力放在自己的呼吸上，現在跟著我慢慢地吸氣、依照自己的步調，然後吐氣。如果你可以用數數的方式，一、二、三、四，練習自己的呼氣、吐氣也可以。好，接著繼續做三次吸氣、吐氣的動作。吸氣吐氣的同時，你/妳若是有想到一些事情、或是注意到身邊的一些聲音，不要理會，繼續把注意力放回到自己的呼吸上。」

**2.** 領導者：「『我訊息』的使用方式是描述一下對方的行為，把自己的感受說出來、沒有批評或指責對方的意思。像是『剛剛門碰地一聲，我嚇了一跳』。現在請大家舉一些曾經發生過的例子，我們一個個試著練習看看。」

### ＋知識補充站 ●●●●●●●●●●●●●●●●●●●●●●●●●●●●●●●●●●●●●●●●●●●●●●●●

　　輔角的種類：重要他人、替身（擔任主角的另一個我）、一般支援性的劇中人物、想像的人物、與主角有關的無生命物品（如桌子、床）、抽象的概念或集體的刻板印象角色（如教會、社會、公平正義）（Blatner, 1996/2002, pp. 22-23）。

# 5-4 阻擋（block）

團體領導者需要保護成員的安全、不需要受到其他成員的攻擊，「阻擋」可以立即阻止不良後果或傷害行為（Henderson & Thompson, 2011/2015, p. 18-7）。一般說來，團體領導者較少使用「直接阻擋」的技巧，因為容易引人反感或是有否定、不贊成的意味，甚至有些粗魯，而是用緩和、漸進式的轉移或阻止較多。之所以需要阻擋，可能是成員之間有突發之衝突、激烈的討論或攻擊動作，有些可能是說太多不著邊際或無關的內容，甚或讓成員覺得無聊、沒有重點。領導者不一定只用阻擋的技巧而已，還有其他的方式可以達到效果。像是對於說太多的成員可以摘要他／她說的重點，或是引導該成員進入正題，像是：「你／妳剛才的發表讓我們知道你／妳的經驗很多，似乎也從中領略了一些道理，你／妳要不要說說自己看見了什麼？」

當然，若有危機情況、或是成員間可能爆發嚴重口角或肢體衝突，就必須使用阻擋，像是隔開兩造、請其他成員協助將兩人拉開，或是將團體暫停、提早休息幾分鐘等，都是可以採行的方式。在小學生團體做了阻擋動作之後，要注意不要剝奪涉入成員的權利，可以讓他／她在一旁或固定角落坐下，等他／她準備好加入、再歡迎他／她進來。若是在團體過程中做了阻擋動作，諮商師需要做一些解釋或說明，重申團體的目的與成員可以學習的部分，若是團體主題恰好是與人際相關的，可以做適當連結（如「衝突也是人際關係或溝通中會產生的問題，只要做適當說明或修正，還是可以達到溝通或傳達的目的。」之類）；若以「提早休息」為阻擋動作，也需要在稍後對團體成員做說明，同時給予發生衝突的兩造有解釋機會，也將其他成員帶入一起討論。

阻擋的目的通常是有危機情況發生時，要做迅速、有效的處理時使用，然而在個別諮商或團體過程中，也可以用和緩的方式讓當事人回歸主題的敘述，這就與諮商師如何使用的技巧有關。其實，要讓當事人或是團體成員回到主題的方式有許多，之前所述的摘要、覆述、立即性、反映情緒、探問等，也都可以視時機或是適當性與否來使用，不需要拘泥於只用強制或直接的方式（如暫停、起身阻擋）。

小博士解說

新手諮商師會有許多擔心，因此在當事人或是成員滔滔不絕地說話時，不太願意做阻擋動作，深怕會傷害治療關係或是讓當事人／成員不高興，但是在團體中，若諮商師未做任何阻擋或介入動作，反而會得罪了其他參與的成員，甚至造成成員流失。

## 阻擋示例： ☒

**1.** 兩位成員在團體中因為意見不同而有激烈爭論。

　　領導者（提高聲量）：「謝謝你們各自表達了自己的立場與考量，雖然想法不同，這正是團體可以提供的一個場域——讓不同的意見都可以自由說出來，也不必擔心被批判，因此也不需要爭個輸贏。」

- - - - - - - - - - - - - - - - - - - - - - - - - - - - - - - - - - - - - - - -

**2.** 成員小華花了三分多鐘談最近朋友發生的事，領導者介入。

　　領導者：「小華，你剛才特別提到一位朋友最近發生的事，這件事對你的影響是什麼？跟我們今天要關注的有哪些關聯？」

---

## ⚙ 阻擋的使用情況與方式示例：

| | |
|---|---|
| **有成員發表批判某人的內容** | • 摘要該成員所述重點，並提醒團體規則中的「傾聽」與「不批判」。 |
| **兩位成員對彼此所說內容有異議，另有一位成員也加入** | • 提醒團體規則中的「傾聽」與「不批判」。<br>• 邀請兩造在遵守團體規則條件下，重新說明。 |
| **有幾位成員口語攻擊某一位特定成員** | • 直接阻擋對話進行。<br>• 阻擋攻擊之成員後，請未涉入的成員發表自己的感受或想法。<br>• 重申團體的人際學習功能，也提醒成員們自己在團體中呈現的可能就是自己平日在團體外的人際模式，是否有新的看見？<br>• 若團體主題人際／社交或是霸凌，正好將其連結起來做進一步討論（包括如何表達自己的需求、卻不傷人，其他旁觀者的感受與想法等）。<br>• 若無法阻止、立刻宣布休息，讓大家都有機會緩一緩。<br>• 分別與涉入的兩方討論，是否要繼續待在團體中？若決定要繼續待，等到團體再開始時，雙方要對所有成員做說明並道歉。<br>• 若兩造無法同時在團體中，請另一方或雙方離開、並請其與團體做「再見」動作。 |
| **兩位成員之間有肢體攻擊動作** | • 拉／隔開攻擊之雙方、並請成員協助。<br>• 提醒此舉非團體可容許，請兩造都離開團體。<br>• 提供兩造個別治療或其他團體（如情緒管理、溝通技巧）資訊。 |

# 5-5 團體諮商注意事項（一）

## 一、不要在團體中做個別諮商

　　這與諮商師的訓練及團體時間分配有關。諮商師原本是從一對一的個別諮商訓練開始，但是有些研究所可能將個別諮商與團體諮商安排在同一學期、而無先後之別，容易讓學生無法立即區辨兩者之差異，領導者就可能會在團體中針對某一成員之議題、花了太多時間與注意力，導致像是「在團體中進行個別諮商」，或是領導者忘了適度邀請其他成員加入討論，讓其他成員覺得自己被忽視，這樣的結果容易流失成員、或是成員對於領導者的公平性產生懷疑。雖然領導者可以針對某位成員所提的議題做較為深入之了解，但是也需要留意時間的掌控，與某成員的對談時間最好不要超過五分鐘（有時需要斟酌），相對地，也要注意成員使用的時間，不要讓其餘成員認為某人使用了太多團體時間、或剝奪了他們的時間，最好的處理方式還是將發言權交回給其他成員，或是以連結的方式催化成員、讓他們來回應特定成員的議題。

## 二、團體基本規則是可以隨著團體進程而做修改的

　　許多新手諮商師在擔任團體領導時，會先按照教科書上所言，先訂好團體規則、或是讓成員去討論，有些成員可能從未參與過團體、也不清楚團體有哪些規範需要遵守，就不太可能訂出可用的團體規則，因此也需要領導者粗擬一些原則性的規範，成員方知如何進行下一步。有些基本原則，像是尊重與傾聽他人發言的權利與想法、不歧視、不攻擊、準時參與、為自己發聲、保密原則與例外、如何在團體外做分享、注意團體外之小團體等，然而隨著實際團體運作開始，可能會有不同情況發生（如有人用手機錄音或划手機），甚至影響團體進行或其他成員，因此規則的添加或移除就成為必要，像是時間是否可以提前或延後？成員之間的 line 族群成立後，要注意事項為何？缺席者該如何再度加入團體討論等，這些也都需要經由團體成員認真地討論後做決定並確切執行。若有成員無法忍受團體張力，給予其他資源或是轉介做個人治療、先做自我整理，日後再參與團體，會更有效益！

　　像是團體計畫可能是每次團體從下午六點半開始，但是第一次團體後卻發現，成員下班時間可能需要考量其距離遠近或是交通狀況，因此就在第一次團體時討論最適當的團體開始時間，然後訂立之；而隨著團體進展，可能會發現成員間的關係越來越緊密，或許也有團體外相約喝咖啡或從事活動，此時更要提醒成員在團體外的保密，以及可以分享的內容為何？雖然團體的保密不容易，然而領導者要時時或適時提提醒成員是很重要的。

**在團體第一次見面時，可以將團體基本原則做說明**（Berg et al., 2006, pp. 137-138）：

1. 準時參與團體。
2. 遵守保密原則。
3. 仔細聆聽他人發言。
4. 討論問題時要誠實、具體、且持開放態度。
5. 設定個人成長之具體目標。
6. 至少承諾參與前四次團體（才能對參與團體做具體評估）。

 **領導者在團體中需要注意事項**（邱珍琬，2016，頁74-76）：

| | |
|---|---|
| • 安排與選擇適合團體進行的物理環境 | • 評估自我帶領情況與團體運作情況 |
| • 了解與掌控團體的氛圍 | • 注意團體動力 |
| • 邀請成員發言、對團體做貢獻 | • 每一次團體結束都要做好結束動作 |
| • 有時需要提供示範與說明 | • 擔任團體規則與倫理的守門人 |
| • 設計適當的暖身活動 | • 若設計的活動不能引起成員興趣，就做立即的更動 |

 **個別篩選成員時的可能訪談問題**（Jacobs et al., 2009, p. 67）：

| 1. | 2. | 3. | 4. |
|---|---|---|---|
| 你／妳為何想參加這個團體？對團體的期待為何？ | 你／妳曾經參與過哪些團體？是怎樣的團體？ | 你／妳從團體中得到的協助為何？你／妳自己可以如何貢獻給團體？ | 你／妳會不希望誰參加這個團體？對於團體或領導者本人有任何疑問嗎？ |

**＋知識補充站** ●●●●●●●●●●●●●●●●●●●●●●●●●●●●●●●●●●●●●●●●●●●●●●

　「繞圈子」就是邀請其他團體成員分別給予某位成員自己的想法或回應，讓該成員可以從不同的成員身上聽見答案或思考，進一步做了解和澄清，減少自己非理性或可能偏差的念頭。

# 5-6 團體諮商注意事項（二）

## 三、團體裡的事務要在團體中解決

這是團體最重要的原則，即便成員年紀小也一樣，也是很好的民主教育。許多團體裡出現的臨時或意外事件，可能都與主題有關，正好藉此機會做連結與討論，可以讓團體討論更深入。團體裡面所發生的大小事，都應該在團體中討論和試圖解決，大家共同參與，而不是領導者說了算，這才是真正的「人際學習」，也符應了真實的社會現況（需要合作討論解決面臨的問題）。

團體裡發生的事情都要在團體裡解決，不僅有助於團體的凝聚力與動力，也是尊重成員的一種表現，大家都是團體中的一員，自然對團體有不可或缺的重要性，大家共同商議、獲得共識，其力量就很大、支持網路也更堅實，執行率與改變也更可行！像是成員在外形成小團體，可能也有些想法或感受就不會在團體中做分享，這樣無形中會影響成員的自我揭露程度、信任度與凝聚力，自然也需要在團體中討論、解決。

## 四、成員缺席情況的處理

通常一般的諮商團體是有時間限制的，每一次的團體時間以及次數，都有預先設定（像是一次團體三小時、共八次），而許多團體也是「封閉性」居多（成員固定了之後，就不再增加），因此在團體正式進行前的篩選就非常重要。然而，篩選歸篩選，還是會有變數；有些成員儘管在團體開始之初，信誓旦旦說不缺席，但是還是不能保證全程參與；也因為團體次數有

限、一次團體時間又長，可能討論的內容極多，儘管有成員上次缺席，這一次團體領導或是成員可能就上次團體內容進行摘要、補充給缺席的成員知道，讓他／她可以清楚或趕上進度，但若缺席次數過多，也就不是靠領導者或成員們在接下來的那次團體進行前段的摘要或簡報、就可以完整呈現，而缺席的成員會覺得自己彷彿跟不上進度、不熟悉，其他參與的成員也會有失落感，或是成員之間的信任要接受考驗。因此提醒成員準時參與、不缺席，其實可以省掉許多麻煩，或不失去學習的機會，而對於缺席次數是不是最好有限制或罰則？也可以是團體成員共同訂下的規則內容。

## 五、成員的投入程度

團體成員的投入越多、學習越豐碩，當然也需要冒險。在團體中會很快地看見個人不同的人際互動模式，有些成員像是「救火員」，只要沉默一產生、就會先跳下來救援，雖然在團體初期，這些救火員可以協助領導者，或是紓解一些尷尬，但是不能將其視為常態，因為一則可能限縮了其他成員發言的機會，二則也會讓領導者的位置受到質疑，還會讓團體不像「所有成員」的團體（成了少數人的）、就無法達到團體想要達成的目標。成員的投入多少、由他們自己做決定，領導者的催化能力若佳、團體凝聚力高，成員自然願意投入更多！當然，有些團體不一定是成員自願參與的（像是學校或是矯治機構），領導者還是可以盡其所能地規劃團體目標與進行方式，最終目的都是希望成員可以互相學習、將所學運用到生活中。

## 團體的定義要素（Forsyth, 1999, p. 6; Johnson & Johnson, 1994）：

1. 團體內成員是彼此溝通互動的。
2. 團體成員間是彼此影響的。
3. 成員彼此是互相依賴的。
4. 成員彼此是有關連的。
5. 成員對彼此來說是有心理上的顯著意義（psychologically significant）。
6. 成員擁有互相分享的身分。
7. 團體是一個有建構的社會組織。
8. 團體可以滿足個人需求的動機。
9. 團體有共同目的。

## 有效能團體領導者的工作（團體工作專業協會，2000，引自Henderson & Thompson, 2011/2015, pp. 18-6-18-7，本文作者做適度修改）

- 了解服務族群的文化，提升團體計畫的效益。
- 擬定團體計畫。
- 鼓勵成員參與。
- 對成員行為予以專注、描述、認可、面質、了解與同理。
- 對成員之陳述予以專注、認可、澄清、摘要、面質與同理。
- 對團體主題予以專注、認可、澄清、摘要、面質與同理。
- 引發成員回應並給予成員需要的訊息。
- 適當的自我揭露。
- 維持團體焦點、運作在主題上。
- 在團體中給予和接收回饋。
- 在參與團體期間進行評估。
- 能評估團體成員的個人目標。
- 在計畫、觀察與參與團體時有倫理考量。
- 在計畫、觀察與參與團體時呈現最佳表現。
- 在計畫、觀察與參與團體時表現多元文化能力。

## 團體計畫常犯的錯誤（Jacobs et al., 2009, pp. 80-84）：

1. 沒有計畫：容易在團體進行時，對突發狀況無法處理。
2. 計畫太多、太詳細：容易綁住領導者、較無彈性可言。
3. 模糊的計畫：計畫雖然不要太詳細，但是基本上需要很具體，甚至在團體開始前，相關的資料或媒材都要準備妥當。
4. 沒有足夠時間讓團體成員獲得有意義的學習：可能太急著趕進度、或是讓討論不深入。
5. 不適合的活動：與主題無關的活動，無法引導成員進入狀況、或讓成員陷入困惑。
6. 太多活動：變成團康，無法達成團體目標。
7. 時間不足：設計團體時需要針對時間問題做適當拿捏，通常不會把時間算得死死的，而是預留一些緩衝時間，以免活動進行太慢、耽擱下一個步驟，或是要有預先擬定的B計畫，避免活動進行太快時，無法做銜接。
8. 進行程序的問題：好的計畫要有合理的邏輯程序，而非雜亂無章，因此領導者需要預想每一步可能會發生的情況、該如何因應？
9. 沒有規畫有趣的開場白：有時候暖身活動需要視參與成員當天的情況做一些修改，而不是每一次都以千篇一律的活動開始暖場。
10. 暖身活動占用太多時間：忽略或壓縮了主要的活動或討論。
11. 沒有足夠時間做暖身：成員若當天狀況不佳、加上無適當暖身活動，可能會影響其當天的參與程度。
12. 無彈性：計畫與領導者都需要有彈性，前者是因應團體的動力與突發狀況，後者是指領導者處理團體事務的智慧與能力。

# MEMO

# 第六章
# 教科書上沒有說明的做法

# 6-0 教科書上沒有說明的做法

諮商既然是科學也是藝術，其中當然涉及諮商師本身的專業能力與人格特質，也因為諮商師接觸的當事人很多元，因此創意與彈性也是諮商療效的重要因子。諮商師在做個別諮商與團體諮商，甚至是做心理衛生宣導或是班級輔導時，面對的都是人，而人是最大的變數，加上不同情境與過程中的諸多不可預測變數，因此儘管有系統性的教育訓練為基底、繼續教育或督導加持，自我的知識與進修還是讓諮商師長智慧和知所應對的關鍵。

諮商含括教育、發展與治療，雖然諮商師選擇以諮商為生涯取向，對人有興趣是最重要的條件，當然還有為社會貢獻、生命意義與任務之所在等目標，然而諮商師的進修與成長，並不應僅限於諮商專業的相關學習與閱讀，而是可以拓展到更廣泛的主題與閱讀。我記得在博班時的一位督導，就是留長髮、騎哈雷、單親教養五名子女的父親，他甚至在閱讀英譯的「老子」時問過我問題，我當時還很狐疑地問道：「你也讀這個？」他說：「因為我們的當事人跟我們一樣是生活在這個世界的人類，因此涉獵更多、就更有可能與當事人有交集與話題。」他還調皮地加一句：「我也看幽浮的書喔！」頓時我有了領悟，也讓我思及自己會以詩詞、歌曲、自創

遊戲或書寫故事帶入諮商現場，來添加諮商過程的趣味，也讓諮商氛圍有所不同！諮商師不應該自限，就如同我們現在面對當事人，還是會談到存在的孤單與不存在的焦慮，甚至還有靈性的議題呢！所謂「盡信書不如無書」，的確，學習諮商也很容易有本位主義，或是限縮了自己的學習，就如同有學生喜歡以「依附理論」來看所有的當事人議題，或是以某學派的理論觀點來解釋自己的研究資料，這像是用杯子（理論）製做水餃皮一樣，可能就浪費了其餘的麵皮（資料）！

有諮商師學習攝影，後來也將攝影帶入諮商場域、發揮不錯的效果；有諮商師學習纏繞畫，也將其融入助人歷程；還有諮商師學習了香草療癒、結合了諮商工作。諮商可以與不同的專業或嗜好結合，就如同諮商裡的「整合」（integrative approach）趨勢一樣，只要可以善加運用，萬變不離其宗，還是可以達到協助當事人與自我成長的目的。

這一部分是作者自己的經驗分享，主要是臨床經驗所得以及督導過實習生與諮商師之後，發現受督者很容易被自己的想法綁手綁腳，而不敢有動作，擔心破壞了治療關係，或是當事人可能不來了，反而容易讓晤談在原地打轉、無法繼續深入，甚至影響了治療關係。

## 成熟的諮商師展現的特色（Jacobs, cited in Whitmore, 2004, pp. 67-68）：

- 了解人類成長與發展、心理病理學、不同理論與取向的理論和實務、研究方法與覺察。
- 成熟的判斷力與做決定（評量與治療過程）的自信，與做評估的能力。
- 在與當事人接觸或焦慮時還能同時去思考與聚焦。
- 能評估諮商過程（包括自我評估、監控自己的判斷，與發展一個「內在督導」）。
- 對督導的態度（不只是訓練之必要，也是深入了解與發展實務的重要諮詢來源）。
- 藉由不防衛地對實務做反省，從錯誤中學習。
- 對學習開放（統整知識與實務）。
- 能夠工作，隨經驗拓展個案源與脈絡。
- 對「未知」覺得坦然，有能力放棄威權的需求、也對自己能力更有自信。
- 對自己能力的真誠謙卑，也讓當事人可以更認可助人專業。
- 自我接納、有自信地自我呈現、一致的承諾，與當事人工作時展現出效率與專業。
- 從不同經驗裡持續的自我發展與增進自我知識。
- 隨時間而增加的效率，有機會與不同的當事人工作，統整理論與實務，也可以發展劃時代的新理論。

## 新手諮商師的挑戰（Nystul, 2006）：

▶ **聚焦在當事人所提出的第一個問題：**
有時候當事人只是試探，在尚未信任諮商師的情況下，只提出一些枝微末節的議題，需要諮商師仔細聆聽。

▶ **忽略了一些身體與醫學上的線索：**
認為諮商是唯一解決之道

▶ **企圖拯救當事人脫離苦難：**
像是為當事人掛保證、提供立即的建議，或是阻止當事人有強烈情緒表現。

▶ **有完美主義傾向：**
害怕犯錯或讓自己難看

▶ **有不切實際的期待：**
像是認為當事人應該會有進展，卻發現不是如此。

▶ **容易被最新進的技巧所困惑：**
將其使用在所有當事人身上，沒有注意到適不適合。

▶ **在諮商過程中迷失：**
像是當事人談論太多不同的議題、諮商師認為自己沒能幫上忙。

▶ **使用不適當的用詞：**
像是「我知道你／妳的感受」，事實上卻不能感同身受。

▶ **問太多問題：**
急著要了解當事人的一切，卻讓當事人覺得自己在受審問。

▶ **太渴望協助當事人：**
像是諮商師比當事人更努力、也常常把當事人的問題帶回家。

▶ **想要被當事人喜愛：**
擔心當事人認為自己專業度不足、下回不來了。

▶ **捲入情緒之中：**
受到當事人經驗的影響，陷入當事人的情境中、無法做客觀判斷。

▶ **太個人化：**
以為當事人的一切都是針對自己。

▶ **不能區分正常與不正常：**
像是未能判定當事人的情況是否應該住院治療。

▶ **不確定應否自我揭露或保密：**
專業的倫理敏感度不足。

▶ **不熟悉多元文化與議題：**
沒有顧慮到當事人的背景文化，容易犯了不該犯的錯誤。

# 6-1 諮商目標在哪裡

諮商目標就像是北極星或地圖，可以指引晤談的方向，被轉介過來的潛在當事人有些並不清楚自己為何而來、目標在哪裡？而在極少的情況下，自願的當事人也不清楚自己為何要來諮商，或者是仍然處於試探狀態，常常會將故事重複，甚至「用盡了」諮商所的所有諮商師。許多諮商師不敢向當事人提出一個重要問題：「我可以幫你／妳什麼？」或者是：「你／妳來這裡的目的為何？」這樣的情況下，容易將晤談淪為一種無解的模式──當事人只是來說故事，說完就走人！無法評估所謂的諮商效果，也讓諮商師覺得很無力、感覺自己被利用。

倘若當事人不想要做改變，諮商師其實也無能為力，然而卻可以與當事人討論改變後的情況，需要付出的代價，他／她是否可以承受？會不會讓他／她的生活更好、更朝向自己的目標？諮商效果在當事人願意投入的情況下最佳，投入更多、效果更好，只是當事人是否能夠持續做改變？會不會復發或回到原點？也都是諮商師可以與之討論、計畫行動與預防的。

每一次晤談都需要設立目標，諮商目標可以：協助當事人聚焦，讓他們動起來往導引的方向努力、提供誘因讓他們找到策略來完成、清楚而具體的目標會

讓他們堅持下去（Egan & Reese, 2019, pp. 310-311）。諮商目標當然不是一次就很清楚，因此每一次晤談還是有小目標可達成，目標越具體、也就更容易成功完成！

諮商師面對轉介過來的兒童／學生，或許還需要與教師／家長商議諮商目標，到底是以誰的目標為主？基本上還是以當事人的目標為主要考量，這就需要諮商師與當事人一起討論，若是師長轉介、當然也不能忽略師長的意見。Berg 與 Steiner（2003, p. 41）建議諮商師將諮商目標：描述解決方式而非問題，描述解決的開始，而非問題結果，具體、可評量、可靠、明確與行為的目標，以互動語句做描述，並有社會脈絡，且對當事人是重要的。一般成人當事人或許會較清楚自己要的是什麼？諮商目標較為明確，但是有時候也會很抽象、摸不著邊際，像是：「讓自己快樂一點／希望過得幸福一點」或是「可以跟伴侶溝通更好一些」。諮商師將諮商目標以正向方式描述（如「你希望可以更能掌控自己的時間」），而不是負向描述（如「你不想要被時間追著跑」），可以讓當事人看見希望和改變的可能性，以及讓目標變得具體可行是很關鍵的，當然也需要當事人的合作及投入。

**小博士解說**

每一次與當事人晤談，諮商師都要思索：我們的目標在哪裡？初次晤談或是第一次見面的目標較一致──了解當事人／主訴問題相關背景，接下來的每一次晤談，諮商師可以先預設及做準備（通常是以上一次晤談內容和當事人目標為參照），若是當事人臨時有議題要提出、也可以做調整。總之，諮商師就是要有所準備、為接下來的晤談鋪路。

**案例示例：**

小薇是大二學生，她從大一進來就一直到學生諮商中心登錄做個別諮商，只是所有的紀錄上所記載的幾乎一模一樣，而將近十位諮商師都擔任過晤談工作，每一位諮商師與小薇工作都是一次到兩次，然後就無法讓小薇繼續再來晤談，過一陣子之後，小薇又會來登記要做諮商、同時申請更換諮商師。

諮商中心的主任劉老師注意到這個情況，於是在小薇又來登記時，決定自己親自與她晤談。當小薇還是一如往日細說她的故事時，劉老師阻斷了她一下：「妳的故事我多少知道幾分，但是之前的諮商經驗讓妳感受如何？有達到妳要的效果嗎？問題獲得適當解決了嗎？」小薇看著劉老師、停頓了一下，又繼續她的故事。劉老師於是道：「我們今天可不可以先花一點時間來看看妳要的是什麼？我們中心是否能夠提供？」接下來劉老師就細問小薇想要為自己做些什麼，甚至是改變？小薇就變得支支吾吾，好像失去了敘述能力。劉老師說：「每一個來到諮商中心的同學都很重要，而我們也希望可以幫到同學。如果妳很清楚自己想要的是什麼，我們的合作會更有目標、更有效率！這樣好不好？妳先回去想想，來做諮商的目的，然後把它們一一寫下來，下一次我們好好談談。」

> 解析：
> 的確有些當事人會試探諮商的情況。劉老師是諮商中心負責人，很清楚學校的人力有限，希望可以儘量服務更多的學生、也協助當事人達到自己想要的目標。小薇重複使用諮商資源，但是卻沒有下定決心想要解決一些議題或是做改變，劉老師希望下一回她可以帶著更清楚的方向來談，或許這樣的諮商對小薇是較有幫助的，而不是只聽她過往的創傷經驗、然後就沒有下文！這當然也是諮商資源的浪費。

### 諮商目標的作用在於（Hackney & Cormier, 2009, pp. 126-127）：

→（一）引起動機，激勵當事人朝向一具體目標邁進；　←

→（二）協助當事人知道如何去達成既定目標；　←

→（三）提供評估諮商效果的功能（達成目標的程度如何）；←

→（四）也可協助諮商師擬定處遇計畫與其成效。　←

### 有用的目標是（de Shazer, 1991, cited in Gladding, 1998, p. 258）：

小的、對當事人來說是顯而易見的、以具體的行為描述、可以在當事人的生活脈絡中達成的、當事人將其視為與他們的「努力」有關、以「開始做某件事」（而不是「完成」某件事）做描述，讓它看起來與新行為有關，而不是問題的消失或不存在

# 6-2 處理諮商師的反移情、未謀其利先致其害

諮商師的反移情是不可避免的，因為諮商師是人，總是有未解決的衝突、個人的弱點與無意識下的軟肋（Hayes, Gelso, & Hummel, 2011, cited in Corey,2019, p. 190），在治療中自然也會有移情情況發生（所謂的反移情），只是一般在諮商師的訓練中較多提醒，卻少做討論。以往的研究文獻對於反移情的態度較謹慎，甚至不贊成，但是既然諮商師也是人類社會的一份子，就不免會有（對當事人的）移情發生，只是因為是在治療場域，擔心諮商師的反移情會破壞治療關係或療效，因此採取較為嚴格的立場。當然不是在諮商現場所有諮商師對當事人行為的情緒反應都是反移情，還是需要諮商師本身的內省與檢視，不管是在個人成長或專業上都會有所精進！

諮商師的反移情表現在：對當事人出現防衛式的情緒反應，因為個人議題無法專心在諮商過程中。因此諮商師的舊傷或未竟事務被引發時，需要反思自己的需求是否以治療關係來滿足，時時覺察與監控自己的感受，以自己的情緒反應作為自我覺察的線索，藉此可以更了解當事人、協助其更深入了解自我；「自我知識」是有效處理移情與反移情的工具，因此極力推薦自我治療，這也是自我照顧的一環（Corey, 2019, pp. 190-191）。有些諮商師會很在意當事人的一些行為或情況，像是：當事人會不會再出現？當事人喜不喜歡諮商師？擔心或憂懼當事人突然死亡，或是希望搶救有自殺意念的當事人等等，這些可能都需要諮商師自身常做做反思檢視，甚至做個人治療來釐清與整理。

許多諮商師在學習專業倫理時，都會被提醒第一守則為「不傷害」，然而卻在無意間傷害了當事人而不自知！諮商師的角色在絕大部分情況下，是要先為當事人設想，而不是以己意為先，自己認為可以就可以。像是有諮商師在還沒有探問當事人試圖解決問題的方式之前，就急著給建議，明擺著認為「當事人是無能的」，甚至是讓當事人服膺諮商師的專業權威，這樣的作法可能就已經傷害到當事人；有諮商師自行解讀當事人所思、所行或所感，卻沒有與當事人做確認，這也是諮商師的傲慢；還有諮商師自行解讀當事人所做的畫作、塗鴉或手做成品，而不是讓當事人自己解說，這也不適合；另外，也發生過諮商師在收到團體成員無記名回饋之後，寫一封信給所有成員，針對某一成員的回饋做說明與攻擊。許多諮商師在還沒為當事人謀求最佳福祉之前，卻已經傷害了當事人或相關人士，在許多情況下，諮商師是需要做災害控管（如通報或診斷）的，因此「不傷害當事人」是最優先的考量，其次才是為當事人謀求最佳福祉。

## 案例舉隅示例一：　　　　　　　　　　　　　　　　　X

- 某大學大一生因為機車事故身亡，導師於是帶著全班同學去參加該生之喪禮，甚至瞻仰了該亡者之破碎儀容，有同學回來後噩夢不止，甚至有身心的徵狀。
- 某大學校慶時，有一班十幾位同學，因為參觀鬼屋之後有驚嚇、夢魘之情況發生，該班導師於是帶著同學到廟裡去請師父收驚，但是卻被校方認為迷信、不可取！
- 某實習諮商師在帶領團體時，全部使用牌卡來應對，其駐地督導詢問他使用牌卡的理由，實習生回道：「用牌卡來做自我探索啊！」團體過程中，他也經常使用書寫方式來進行活動，基本上可以認出每位成員的字體；最後一次團體要結束時，實習生要成員以「不記名」方式撰寫對整個團體的回饋，當他看見有成員已經完成時，就伸手要成員手上的回饋單，某位成員很詫異問道：「這樣還算不記名嗎？」

解析：
- 案例一的導師在未徵得學生意願的情況下，要求全班參與葬禮與儀容瞻仰，這一點違反學生的自主權益，導致有些學生有後遺症。即便是很好的生命教育機會，或是讓學生與同學做最後道別，也都需要先取得學生自願之後，才可以執行。
- 案例二的導師，想要安撫學生的情緒，在已取得學生的同意下、領軍去收驚是可以的。致於收驚是否符合科學，倒是在其次，因為諮商也有「適文化」或「在地化」的考量——尊重該文化的作法或傳統，而不是一以美國發源的諮商觀點出發，要不然就違反了多元文化的原則。
- 案例三的實習諮商師雖稱稱回饋單是「不記名」，但其做法卻無法說服團體成員，甚至讓成員不舒服，這也是欠妥之處！

## 案例舉隅示例二：　　　　　　　　　　　　　　　　　X

某位諮商實習生在帶領團體時，十次都使用牌卡，她認為既然團體主題是「自我探索」，那麼探索什麼都可以，反正成員也不知道。但是進行了兩次團體之後，就陸續有成員流失，實習諮商師不理會、也沒對其他成員做說明，只是繼續進行團體。終於有成員按捺不住、詢問領導者為何都是使用牌卡？領導者直接對該成員說：「妳在挑戰我的專業？」該成員憤而離席、不再參與。

解析：
- 團體領導者不清楚自己使用牌卡之目的，或許更不清楚團體目標，領導者之諮商專業知能有限、且對自己信心不足，因此才有這樣的回應。
- 團體領導者在尚未讓團體成員有更多的團體經驗與學習之前，就已經先傷害了成員，並且以攻擊性字眼回應成員的疑問，在專業倫理上已經嚴重違反原則！

＋知識補充站 • • • • • • • • • • • • • • • • • • • • • • • • • • • • • • • • •

　　諮商師即便上過「諮商專業倫理」的課程、了解助人專業的基本原理，但是若實務經驗不足，經常會沒有自覺，或是無意中犯下了錯誤，傷害了當事人。許多違反倫理的行為不是刻意為之，卻會造成嚴重後果而不自知！諮商師要將當事人的福祉放在心上、做任何決定與動作的標準，還要時時自我覺察，方可減少倫理錯誤或違法。

# 6-3 光說不練假功夫、使用技術的時機

諮商師有時候礙於「替當事人作為」、「怕養成當事人依賴」，或是假設「當事人應該積極主動一點」，所以經常將諮商限制在「談話治療」的層次，而無法產生有效結果。其實，在許多情況下，當事人可能無法如諮商師所預設那樣行動，卻因此讓諮商師對當事人個人有一些不良印象，這也會影響治療關係與未來的諮商療效。我常聽到新手諮商師提到「無法讓當事人有所行動」，或者是「說了也沒用」，這也可能表示諮商師催化改變的能力不足，或者無法拿出更好的解決方案，才讓諮商裹足不前、沒有進度。

諮商最後的目標當然是讓當事人做些改變，「家庭作業」是一個很好的可用技術，也是讓當事人可以踏出小小一步的實驗，將改變的「想法」化為「行動」、距離目標就更近。倘若當事人沒有做家庭作業，而諮商師認為有其必要，就可以在此次晤談時，請當事人試著做做看，並與其討論執行的情況，或者是將家庭作業做一些調整，讓其可行性增加，而有些行動是可以在晤談時進行的、看看收效如何？也是提供當事人解決問題的方式之一。

在諮商師抱怨當事人沒有改變行動的同時，也需要自我省思：「還有哪些策略可以運用？阻礙當事人行動可能有哪些因素？」而不是一味地期待當事人會主動改變。有時候小小的一個輕推（nudging），就可以產生效果，不需要諮商師耗費唇舌，讓當事人意識到改變其實很簡單！

諮商師所使用的技術有時候不是當事人所熟悉的，甚至是要應用新的技術時，最好先讓當事人清楚接下來要做些什麼？使用新技術自然也要讓當事人了解此項技術的優缺點，而不是諮商師自己想用什麼都行！特別是有些技術可能有危險性（像是實景曝露——帶當事人去直接面對所害怕的事物），或是可能引發當事人的焦慮或恐慌，甚至是會有副作用（如重新回憶創傷事件、使用電擊法治療憂鬱症），也都要預先詳細說明，甚至進行練習或準備，以及萬一發生意外後的補救與因應措施。

有些技術最好在治療關係建立之後才使用，效果較佳，像是挑戰／面質或空椅法，但是也並非一定如此，像是挑戰與面質可以讓晤談更切中重心或深入，即使關係尚在建立階段，也可以酌度使用。諮商師的用心、專注傾聽與陪伴是最重要的關鍵，諮商師不急著使用技巧或記掛著該什麼技巧，只要仔細傾聽，適當的技巧自然可以使用出來。

## 案例舉隅示例一： ☒

張諮商師接到阿成這個案例前，已經有一些同事接過他的案子，他們的抱怨都是同一個——阿成個人生活習慣不良，尤其是髒指甲讓人怵目驚心。張諮商師與阿成已經談過兩次，也像之前的諮商師一樣，會提醒阿成去剪指甲，但是下一回阿成還是帶著髒髒的指甲出現。

張諮商師將阿成的案子提出來與督導討論，似乎也很煩惱。督導建議下一次晤談時先準備指甲剪，然後可以讓阿成邊剪邊指甲、邊談話。

阿成自此沒有帶著髒指甲來晤談。

解析：

其實阿成帶著髒指甲來晤談，不免會讓諮商師有不好的印象（批判這個當事人或對當事人有成見），或許會聯想到當事人生活上是不是也如此？當事人不在乎他人對他的看法嗎？但是阿成經歷過的諮商師，都不敢直接面詢問阿成，只是間接地提醒阿成剪指甲，但是效果不彰。督導讓張諮商師帶著指甲剪去與阿成晤談，不是批判或歧視阿成，而是提供一個問題解決的方式。諮商師的猜想可能有：或許阿成曾經想過要剪指甲、但是都忘了；或許阿成喜歡被注意、被提醒，表示自己被在意？阿成當然也猜測到諮商師可能因此對他印象不住；也許是因為阿成打工或是系裡的實驗，讓他的指甲經常會弄髒。但是諮商師們除了勸說之外、沒有其他任何動作，張諮商師只是提供了指甲剪在晤談現場，放在阿成手可以搆到的地方，然後阿成就邊剪自己的指甲，同時繼續與諮商師晤談。

諮商師或許也可以關切詢問阿成怎麼把指甲弄髒的？（如：「我注意到你的指甲有汙垢，是工作還是？」）或許可以知道他生活中的其他面向、更了解阿成。

## 案例舉隅示例二： ☒

李諮商師在帶領諮商團體時，發現其中一位成員小霞，常常穿著過短的裙子出現；只要小霞一坐下來，底褲就會不小心露出來一些，李諮商師很擔心她所帶領的青少年團體的其他男性成員對小霞的看法，也擔心小霞的坐姿會引人遐想，讓成員分心，甚至擾亂團體的進行。這些都只是李諮商師的猜測，但似乎又不好去問其他成員，她向督導提出她的憂心。督導說：「下次團體進行前，準備一個小外套或小毯子給小霞。」問題就獲得解決了！

解析：

李諮商師擔心他人對小霞的看法，其實也反映了李諮商師本身對於性別的一些觀點，像是：女性不應穿短裙，坐下來也要注意坐姿，或是會不會走光？或是有誘惑的成分？男性看見女性的一些穿著會有遐想、擾亂其身心？李諮商師也沒有私下提醒小霞或是做一些準備（可以讓小霞穿著短裙、仍自在參與團體），只是兀自在煩惱著。準備外套或毯子會很突兀嗎？還是一個貼心之舉？

案例舉隅示例三： X

輔導老師陳老師第一年在國小任職。當他與五年級的小瓊晤談幾次之後，想要讓小瓊能夠為自己發聲，於是做了若干的肯定訓練。接下來這一次晤談，他在輔導室擺放了兩張面對面的椅子，然後要小瓊坐在其中一張椅子上；接著他說那張空椅子表示小瓊爸爸、要小瓊對著那張空椅子說出心裡的話，小瓊有點不明白陳老師的作法、但是不敢發問，她只是說「不要」，但是陳老師堅持、將她強按坐在座位上。

解析：
陳老師使用的空椅法，或許在對成人當事人時，可以在說明之後做這樣的指示，但是對小瓊來說，（一）肯定訓練已經熟練了嗎？（二）小瓊的家裡可以容許她這樣表達自己嗎？有沒有顧慮到小瓊的家長與家庭環境？（三）在使用新技術時未做充分說明（包括使用的目的、優缺點或危險性），就要直接進行，當事人自然會有許多質疑，甚至擔心、害怕！（四）強按當事人坐下，違反其個人意志，而且有身體接觸，當事人不情願就會有問題！

案例舉隅示例四： X

崔諮商師正在協助一位二十五歲，卻不敢為自己發聲的男性小林。崔諮商師認為應該要教小林一些肯定溝通的方式，包括「我訊息」的使用，於是在一次晤談時，就率先示範「我訊息」的進行方式，她先讓小林學會直視她的眼睛、然後以角色扮演來演練。崔諮商師扮演小林的母親，她以小林母親強勢、大聲的方式開始對小林說話，沒想到小林竟然噤聲不語、表情驚愕，這場演練就不了了之。

解析：
崔諮商師在小林還沒有準備好的前提下，就決定讓小林練習「我訊息」技巧，小林可能還有許多心裡的想法與感受尚未吐露，像是習慣了母子互動方式，一時之間不容易改變，況且小林或許還擔心失去母親的愛與照顧、怕違反倫理孝道等考量，即便是「我訊息」，也是要採用漸進式的方式，並將小林所處環境與關係脈絡弄清楚，要不然這樣的介入很突兀、也會嚇到小林。

+知識補充站 ●●●●●●●●●●●●●●●●●●●●●●●●●●●●●●●●●●●●●●●●●●●●

諮商師所使用的技術是以實證研究為基礎，不是忽來的突發想法，即便諮商師經過多年實務經驗的積累，或許會研發或修正一些技巧之使用，但是切記要了解其使用之目的、以及當事人是否清楚，甚至要將技巧之利弊或風險誠實告知，並做預防。

# MEMO

# 6-4 身體上的碰觸／當事人在性騷我嗎？

儘管諮商師與當事人之間的身體碰觸具有很大的力量（Tolan, 2003, p.152），但是諮商師對於與當事人之間的身體碰觸還是要特別小心，因為很容易被誤解或是違反了專業的界限／倫理，若當事人會錯意或不舒服，諮商師就可能被投訴或指控、吃不了兜著走，也會影響諮商師的專業聲望！之前有諮商師自己用「按摩治療」，卻沒有事先知會當事人，因為新的技術需要有實務研究上的證據、也要讓當事人知道新技術的利弊；所以在諮商師對每一位當事人都進行按摩治療時，總會有當事人覺得不舒服或覺得被冒犯，後來就不再出現。

有些當事人在情緒激動，或表示安慰感謝時會擁抱諮商師，諮商師的主觀感受或自身的習慣也很重要，畢竟是諮商師需要踩緊倫理的界限、不可違反；反過來說，若是諮商師有這樣的肢體動作或習慣（像是美國文化中擁抱是禮貌），最好在做動作之前，先徵得當事人的同意；有些諮商師或是輔導老師，在面對年紀較小的當事人時，可能會因為疼惜或是安慰，而給予當事人擁抱、拍肩／頭或觸摸臉龐，最好還是問問當事人，而且對其回應都要予以尊重。

有些當事人對於身體的碰觸相當敏感，甚至會激發創傷經驗，像是性受虐兒或是曾遭受暴力者，諮商師要先了解其身體界限與經驗，切勿突然與其有身體碰觸的情況。倘若是因為緊急情況下需要拉扯（如抓住當事人，以防止其衝動的行為），或是有身體上的接觸（如阻擋當事人打過來），這些或許是當下權宜之計，事後也要做檢討與記錄／諮詢，了解若下次有類似情況發生，可以採取什麼樣不同的方式？如果當事人有暴力或是衝動的可能性，諮商師也要知道該機構內是否有緊急按鈕以及防制的標準程序，及時取得援助。

雖然諮商師嚴守著專業倫理、感覺動輒得咎，但至少比執業不當或違反倫理／法律要強，只是反過來說，當事人也可能逾越界限，因此諮商師的敏銳覺察是有必要的，若感覺不對勁，也需要勤於諮詢，不能自己合理化、呼攏過去！有些當事人會談到性行為過程或是細節，諮商師需要自行判斷這樣的內容是否符合所關切的議題？倘若不適當，就需要阻斷或詢問當事人。現在手機網路進步，當事人也會查找有關諮商師的訊息，或是隨時錄音錄影，甚至展示給諮商師一些私密的影像（如自己的下體或性交實況），諮商師感覺不對勁，就是一個很好的指標，不要讓自己被性騷而不知！

諮商師往往會較注意如何守住界限、維護當事人權益，卻較忽略當事人對諮商師可能有的不當或違法行為，因此諮商師的敏銳覺察是必要的，只要覺得不對勁，就有必要尋求諮詢或督導，這也是提升專業及倫理的有效作為！

**案例舉隅示例：** ☒

宋諮商師在最後一次晤談時，當事人小林突然擁抱她一下，讓她當場愣在那裡、不知如何動作！小林發現了這一點、有點尷尬，諮商室的氣氛就有點詭異。宋諮商師道：「我完全沒有預料你會有這個動作！」小林說了對不起，宋諮商師接著說：「謝謝你提醒我，因為我們常常會提醒自己不能與當事人有不當的身體碰觸，卻沒有想到你可能會有這樣的動作。是我的疏忽。」接下來宋諮商師說明了諮商師專業上的相關倫理讓小林知道。

> 解析：
> 宋諮商師雖然被這個意料之外的舉動驚嚇到、也有尷尬，但是做了一番說明，不是指責當事人表達他的謝意，而是說明自己的疏忽。的確，諮商倫理裡面有規範諮商師的行為舉止與限制，但是卻沒有明確說明當事人的部分（除了自傷或可能傷害他人），然而諮商師還是那個負責要踩住線的人，倘若當事人的舉止違反了身體界限，諮商師還是需要表明。

## 🧠 碰觸的贊成與反對意見（Tolan, 2003, p. 153-154）：

**贊成意見**

- 碰觸某人有自然的療癒力量，若否認當事人的期待就是一種剝奪。
- 有些當事人說被碰觸或擁抱，讓他們在探索不愉快或痛苦的經驗時感到安全。
- 當事人迷失在過往的痛苦中時，諮商師的碰觸可以展現出治療關係「當下」的現實。
- 不敢碰觸可能與諮商師本身的害怕有關（像是自己的性慾或被他人誤解），而非當事人的需求或希望。
- 許多當事人被剝奪了適當碰觸的機會，而諮商師的碰觸可以協助他們發展出在被他人碰觸時的正常反應。
- 對一些當事人而言，諮商師的碰觸可以是當事人被接納的有力證據。

**反對意見**

- 治療關係中的情緒就已足夠，肢體的碰觸不必要。
- 許多當事人發現碰觸是侵犯性，讓人驚嚇，或是有虐待意味的。
- 對於已經處在脆弱狀態的當事人，諮商師的碰觸可能會擊潰他們。
- 有過不好被碰觸經驗的當事人，可能不會對諮商師說。
- 諮商師可能為了滿足自身「再保證」、「讓事情變好」，或是被視為溫暖的需求，而使用碰觸或擁抱。
- 擁抱可提供立即的安撫，因此也就阻擋了當事人體驗痛苦、沮喪或孤立感。
- 當事人可能誤解擁抱的意涵而控告諮商師。
- 諮商師的碰觸可能模糊了界限，而引發當事人的亢奮感受，或期待與諮商師發展友誼。
- 倘若諮商師的碰觸是當事人生命中唯一的身體接觸，當事人或許會希望在治療關係之外延續這樣的關係。

# 6-5 評估是持續不斷的過程／當事人的投入與責任

當事人給的回饋，可以是諮商師用來知會、引導與評估治療過程的關鍵（Corey, 2019, p.20），在個別諮商與團體諮商中都是如此！除了修正與調整處置方案（個案概念化）外，評估的動作也是持續進行的，只是諮商師不一定會刻意這麼做。諮商師從當事人外觀、神情、說話方式或內容，以及生活功能的表現中，都可以看到當事人的進度，不一定要藉由刻意詢問當事人，或是讓其填寫量表的方式才清楚，當然有時候明白詢問是可以的；諮商師或許會碰到想討好諮商師的，或是對於諮商服務不滿意的，都可能隱藏真實感受，或是太直接了當，此時諮商師就可以經由其他方式來評估治療進度。

當事人也可能會復發，諮商師若可以定期追蹤當事人情況或做評估，也許就可以更清楚當事人的近況與自己處置方式的效果如何，這些資訊都是有助於諮商師的專業成長。諮商師評估當事人，而當事人也可以給諮商師回饋，回饋通常是最直接又有效的改進指引，諮商師對於當事人所給的回饋要滿懷感謝，因為他們願意誠實做反饋，讓諮商師知道自己做得不錯的部分，以及讓修正或改進有具體方向！

治療成功的兩大關鍵是：當事人願意投入以及治療關係（therapy relationship）（Corey, 2019, p.20）。諮商師無法獨力支持或協助當事人，而是可信任的治療關係，讓當事人可以在安全氛圍下嘗試新行為，同時也需要當事人的積極投入，要不然只是諮商師一人用力、改變無法發生。許多當事人在初來時，會期待他人改變，或是認為責任不在己，因此花了許多時間敘述事件的始末，等到諮商漸漸進入狀況，當事人也會意識到自己在事件中的責任、願意承擔更多，此時改變就開始了！

當事人的投入，也就是當事人願意為自己與其改變負起責任。在個別／團體諮商中，或許治療師／領導者在初時所承擔的責任較重，但是隨著諮商進程，諮商師會慢慢將責任回歸給當事人／團體成員；雖然當事人／成員投入越多，也表示需要冒險的成分越大，但是收穫也是相對的！有些當事人是來參觀、抱怨的，他們不談自己的問題或責任，然而可否將其位置做轉變？答案是肯定的！

當事人因為求助諮商而擺脫侷限與困阨、重新發掘自己的能量或能力，也看見希望，不管是認知、情緒或行為上的轉變，他／她就可以成為主宰自我命運的作者，同時也會影響週遭的重要他人與生命，發揮人溺己溺、己達人達的精神，大家同享更豐富、真誠而有品質的生活！如同女性主義者所彰顯的：每一個人，都是社會改變的能動者！每一位當事人回到自己的生活圈中，就是「以生命影響生命」的正向力量。

### 「當事人在性騷我嗎」示例：

1. 小蔡是一位很有能力的諮商師，他也不避諱接了各式各樣的案例，希望自己可以更有效率地協助當事人。有一次他接了一個長期個案，當事人的主訴問題是親密關係。晤談經過三個多月，當事人的議題似乎已經獲得緩解，小蔡認為可以結束治療關係了，但是當事人卻不想結束、還提出其他議題要繼續，小蔡也擔心當事人會不會因此而依賴諮商師、失去了自己獨力面對生活的能力？結果有一次晤談時，當事人很突然地將與親密伴侶的性交畫面給小蔡看，小蔡有點不知所措，後來覺得很不舒服，晤談之後他找督導討論，釐清自己的不舒服是從哪裡來？然後才理解到：原來可能是覺得自己被冒犯了！這就像是未成年者，被示以不符其發展年齡的黃色相片或影片那樣。

2. 實習諮商師曉琪的一位當事人阿輝，是一位很好的當事人，因為在晤談過程中，願意做自我揭露，同時也有很好的進度。有一回曉琪因為當天晚上要參加一位大學同學的婚宴，因此穿著上與平日的素樸較不一樣、也稍稍打扮化了妝，結果阿輝那天經常莫名其妙地笑出來，問他理由也不說，曉琪覺得奇怪，結果阿輝突然說：「諮商師今天好漂亮，我都想約妳出去了！」曉琪很禮貌地回應：「這是違反專業倫理的。」沒想到阿輝竟然繼續道：「哎呀，妳是一個女人啊！女人就是需要打扮，女為悅己者容嘛！」
   接下來的一段晤談時間，阿輝竟然就很詳細地描述自己在與伴侶性行為的細節，曉琪好幾次要阻擋他談下去、但是阿輝不讓，後來曉琪就站起來說：「你今天要來談的主訴問題是什麼？與你剛剛所說的有何關聯？」阿輝尷尬道：「我想談我的親密關係。」曉琪問：「你需要重新設定諮商主題嗎？因為你先前要談的是生涯的問題。」

### 諮商師進行的評估：

| 形成性評估 | 總結性評估 |
| --- | --- |
| 在諮商過程中進行 | 在諮商結束時／後進行 |
| 有助於當事人對於諮商效果的反應、治療師的處置策略調整與決定 | 檢視諮商效果與追蹤當事人的情況 |
| • 觀察當事人身體、姿態、動作的改變（如有無較輕鬆）、眼神接觸較多、語言表達較為通暢、即使沉默也不會太焦慮<br>• 作業的完成度<br>• 將所學運用到生活中<br>• 詢問當事人的感受與收穫<br>• 使用簡單量表或測驗<br>• 利用網路進行 | • 以簡單量表或是標準化測驗進行<br>• 請當事人給予回饋或填寫回饋單<br>• 了解學習遷移的情況<br>• 學習單<br>• 利用網路進行<br>• 追蹤（訪談、電話或聚會） |

### 如何評估當事人的改變：

| Hackney & Cormier (2009, pp. 10-12) | Hill (2017/2014, p. 46) |
| --- | --- |
| • 當事人開始從不同的脈絡看問題或議題。<br>• 當事人對於問題或議題有更多適當的了解。<br>• 當事人對於舊的議題有新的反應。<br>• 當事人學習到該如何去發展有效關係。 | • 重新提振精神或幸福感提升。<br>• 矯正經驗或症狀舒緩。<br>• 修復或降低干擾行為。<br>• 個人內在改變（如症狀減少、自尊與解決問題能力提升）。<br>• 人際問題改變（如親密或與人關係更親密或更滿意、溝通較暢通。）<br>• 社會角色表現（工作表現或參與度增加、減少偏差行為）。 |

+ 知識補充站 ••••••••••••••••••••••••••••••••••••••••••••••••••••••••

　　評估在諮商初期很重要，主要是協助諮商師形成假設，也是一個持續的過程，隨著問題呈現或個案概念化而有所改變（Hackney & Cormier, 2009, p. 119）。

# 6-6 態度比技術更重要／諮商技術的熟練與創新

諮商師的工作需要有良好、有效的溝通，諮商師的角色植基於他／她的「在」（being），態度比技巧更重要（Corey, 2019, p. 21）！近十年來，我們在培育諮商師過程中發現：準諮商師的專業知能不足（像只修需要考證照的課程，知識與技能落後），態度輕浮、自我中心（不在乎禮貌或與人互動時他人的感受），加上做人道理欠缺（將諮商師與個人修爲切割爲二），造成無法有效控管訓練出來的品質，有嚴重的無助、無力感。學生不管是在大學或是私人心理診所實習，都需要在櫃檯服務或做接待工作，但是划手機、沉浸在自己的事務（如論文或閱讀）上的所在多有，還需要督導特別提醒，有些甚至只是虛應一應故事、不予理會。

就如同諮商師在認眞、專注聆聽當事人的同時，使用同理心就不需要按照受訓時的標準程序來進行（有時反而顯得累贅），而是諮商師在聽取當事人敘述時，自然就會有表情或是肢體動作等非語言訊息的反應，這也就表現了諮商師與當事人同在，並傳達了解，其實就是正確的同理表現。諮商師的態度一致、展現自己的眞誠與透明度，這樣的人際互動是一般人日常生活少有，卻是能夠給予當事人極大接納、支持與力量的珍貴體驗。

「先做人，然後才做諮商師」是最基本的道理，諮商師的最佳示範就是前後一致、展現的是「諮商人」的態度與素養，也就是涵括了「人」與「專業助人者」。因爲同是人類社群中的一份子，對人性有悲憫與讚嘆，在了解後有更多的普同感與感動。學習諮商給自己一個很好的機會重新審視生命的目標與意義，希望貢獻己力，讓自己與他人的生活更美好，也是對人類社會的正向回饋。

要熟習諮商技術主要還是靠練習，而且不是在課堂上或是學習場域上做練習而已，還要將其運用在生活中、使其眞正成爲自己的一部分。教師在講授諮商理論與技術時，經常讓學生在課堂上或是諮商室裡練習，這些往往是與一起上課的同儕互相演練，走出教室或是諮商室就較少應用，殊爲可惜！既然相信諮商是一門專業，就需要在學中做、做中學，將專業與生活做適當結合，才能成爲一個統整的諮商人！諮商師的臨床實務與經驗越來越豐富後，也會自己調整、修正與創發新的技巧，就如同之前所說的「同理心」，雖然在訓練時，有所謂的「標準程序」，然而隨著諮商師的經驗累積與成長，也慢慢會有一些調整的作法、同樣可達目的！就像Peterson（2020/2024）所說：當徒弟時是遵守一切原則與規範，慢慢自己成師之後，就可以打破舊有窠臼、做創新工作！

## 成為助人專業的動機（Schneider Corey, & Corey, 2011）：

| 助人動機 | 可能的危機 |
|---|---|
| ■ 我想要對他人造成影響 | 因為重視當事人的改變，可能會從「賦能」（使其有能力或力量）當事人而獲得滿足，若當事人無意改變、就容易受挫或灰心。 |
| ■ 我想要回饋給曾經幫助我的人 | 自己曾經受到協助，轉而想要幫助他人，也可能因為過度幫助，而讓當事人覺得無能或無自信。 |
| ■ 我想要照顧別人 | 是因為自小就有的習慣，也成為個人認同的一部分，但是這種單向的照顧，一來不一定得到認可或喜愛，二來容易身心耗竭。 |
| ■ 我想要協助自己、做自我療癒 | 諮商師有過創傷經驗，容易過度同理當事人，或將當事人視為自己的延伸，失去客觀性，反而未能協助當事人。 |
| ■ 我想要被需要 | 覺得「被需要」很重要，若他人無感激就會失落或憤怒，也可能忽略了自己的需求。 |
| ■ 我想要有名望、地位與權力 | 這一行有時候必須要與許多弱勢族群工作，經濟上的酬賞並不豐厚。倘若諮商師以收入為考量，是否就不去幫助需要協助的人，或是讓可以結案的人持續接受治療？這是否也違反了專業助人的善意與本質？ |
| ■ 我想要為問題提供解答 | 很多時候一個問題並沒有一個解決方式或根本無法解決，有行動做改變的還是當事人本身，若當事人無改變意願或動機，諮商師就容易受挫或認為當事人不合作。 |
| ■ 我想要獲得掌控 | 生活中有適度的掌控是正常的，倘若想控制更多，甚至涉及他人的生活，不僅對方可能會有反感或抵抗，諮商師本身也會有情緒上的失調或失控。 |

## 諮商技術的創新示例：      **X**

**1.** 之前教授「家族治療」課程時，曾經要求學生手繪「全家福照片」，從中可以窺知家人之間誰與誰較親、誰與誰較疏遠？是傳統家庭還是現代家庭？家人之間的關係樣態等。

**2.** 有一個小遊戲「你是誰」 要學生在計時時間內（通常是一分鐘）輪流問這個問題，而回答者需要給出不同答案。從這個小活動，可以看出誰的開放性較大？甚至可用來篩選團體成員。

# 6-7 臨床現場最能反映弱勢族群之需求／諮商在地化

　　諮商師面對的是生活遭遇困阨，或是能力被卡住的當事人，所聽到的故事幾乎都讓人鼻酸、不忍，然而本著助人初衷，總希望當事人的生活可以更好、更適意，也才能成就自己的生命任務與意義。然而許多諮商師（除了學術界或諮商師教育者）卻沒有將其遭遇族群的經驗或困境寫成個案報告或研究論文，所能發揮的效果就有限，因為學術論文可以是諮商師第一手接觸的經驗、呈現社會真實的面向之一，可以是國家社會政策擬定者的重要參考資料與依據，也能夠真正改善弱勢族群的生活，這也符合諮商師為弱勢代言、社會改革能動者的角色與責任！

　　諮商師平素接觸研究文獻或是臨床報告、參與研討會或繼續教育，都是為了讓自己的專業更精進、能夠提供當事人更好的服務，所謂「願意持續學習的諮商師對當事人是最大福音」，因此將臨床經驗撰寫成臨床報告或論文，也是為當事人發聲、激勵同儕學習、促成社會改變的有力管道，不宜妄自菲薄！

　　諮商理論基本上是以中產階級、白種男性的觀點發展出來的，當我們將諮商理論與技術運用到東方華人的族群中時，要特別注意其「適文化性」──也就是考慮是否適合當地文化，並做適當的調整，而不是「直接移植」，像是美國重視多元文化，也會將原住民的「巫醫」列入可以協助的資源；我國之前曾經發生過南部某大學學生鬧鬼屋、受到驚嚇，教師帶同學去收驚的新聞，更早之前南部某國小女同學遭受性侵致死案，該班級許多學生都有夢魘、失眠，或看見鬼怪及逝去女同學身影等現象，當時學生諮商中心的諮商師也詢問過資深督導：「應否讓家長帶孩子去收驚或廟裡？」孩子是依附家長的，只要這樣做、可以讓家長心安，何不？家長安了，孩子才會沒事。諮商是科學也是藝術（Nystul, 2006），我們是先學會做人、才做諮商師，自然也要將在地文化列入考量，而不是將目前科學無法證明，或是與自己價值觀抗衡的，視為無稽或不科學！

　　諮商技術的部分也是如此。以焦點解決短期諮商來說，奇蹟式問句的問法像是：「若是你／妳手中有一支魔棒，一揮就可以讓問題消失，你／妳會看見什麼？」或是：「如果眼前有個水晶球，可以看見沒有問題的未來，你／妳會看到什麼？」許多兒童與青少年會覺得問題很無稽、可笑，成人也會納悶、不知如何回應，但是若是改用：「如果你／妳一覺醒來，發現你／妳擔心的問題不見了，你／妳會看見什麼？」這個就還可以使用。這個例子也說明了：技術也需要因地制宜、因人打造，靈性諮商也是如此。

## 臨床現場反應弱勢族群需求說明： 　　　　　　　　　　　　　　X

**1.** 許多年前，因為聽到許多國小教師提到學生行為不端是因為祖父母養大的緣故，我當時聽多了、有點不以為然，因為我在「技術上」也是父祖養大的孩子，但是我們都沒有變壞，因此我後來就做了「隔代教養家庭」研究。那個研究是以南部家庭為主要研究對象，發現了隔代教養家庭產生主要是「失能的第二代」（如失婚或離異、未婚生子或再婚、父／母親入獄或吸毒失蹤）所造成，因為無力撫養親生子女，但是祖代又擔心孫子女淪落收養機構，因此接收下來撫育。後來有「祖孫節」，我也應邀去做第一場演說，接下來陸續有許多研究針對這個族群做研究，隔代教養家庭也讓政府注意，並在社會政策上做了一些改變。

**2.** 許多研究者會針對自己有興趣的社會議題，或是服務對象做更深入的探討，像是受虐兒、性侵害存活者、家暴目睹兒、情緒障礙者，甚至是職場女性等等，因為他們不太可能有管道為自己發聲，讓社會大眾了解他們的境遇，而臨床實務者所做的研究，就可以為他們代言，甚至造成社會或政策的改變，讓他們的情境得到注意和關注，進一步讓生活更好！之前許多性別相關的研究亦同。

## 諮商在地化說明： 　　　　　　　　　　　　　　　　　　　X

**1.** 國內有心理學本土化運動（如「本土心理學研究」期刊），也將文化中的儒、釋、道思想（如「易經」或老子）融入諮商實務或工作中，這些也都是諮商在地化的例子。

**2.** 諮商基本上是源自美國，其理論來自歐美居多，因此適用的對象也較屬於歐美體系或民眾，然而當諮商進入華人社會，有許多民風或是文化的不同需要考量，像是美國注重「個人化」（重視自主與負責）、華人則是「集體社會」（重視族群利益與恥感），特別是當事人求助於個別諮商時，諮商師是否會偏重個人自主性，而忽略了當事人環境脈絡中的可能影響因素（如家庭、面子、人際的表面和諧）？

+知識補充站 ••••••••••••••••••••••••••••••••••••••••••••••••••••••••••••••

　　諮商師面對的是生活中遭受困頓的當事人或家庭。許多當事人的苦無法對他人道、擔心不被理解，諮商師理應感謝當事人的信任、願意讓諮商師知道他／她的痛苦與迷惘和一些不堪經驗。諮商師對於不同當事人的處境有更多了解時，會想要進一步讓類似遭遇的當事人或民眾得到協助，因此為其發聲／代言就很重要，「做研究」就是最佳管道，因為有具體證據，才足以說服當政者與政策擬定者重視這些現象及問題，並思以改善！

# 6-8 諮商是一門生活哲學需要身體力行

許多學習諮商者是想要服務弱勢、貢獻社會，也有許多是曾經受過幫助、想要回饋社稷，當然也有因爲受傷而想要療癒自己、進而協助曾／正在經歷類似的情境者。作者深信諮商是一門生活哲學，在學習諮商過程中，也將所學運用在自己的生活上，因此獲得啓發與協助，讓自己朝著想要過的生活方向、也自中印證及創發生命的意義，因此不一定要成爲諮商師才能過更好的生活！學習諮商是相信諮商，也肯定諮商對自己及他人生活的助益，就如同 Carl Rogers 所謂的「透明度」與內外如一的「一致性」，是對自己生命的交代、也是實踐生命意義的大道。

Corey（2024）以很淺顯易懂的英文，介紹諮商理論與相關實務給社會大眾，他的立意就在於讓諮商普羅化。我國從民國 90 年心理師法通過並施行之後，開始陸續有培育諮商師的系所出現，目前有三十所培育諮商師的學校，至今已經有超過五千位諮商師通過國家考試，大專院校的諮商師也接近飽和、只是汰換率高，因爲專業與行政工作量大，加上有更多的危機案件需要處理，而許多諮商師屬於約聘人員、少納入退休計畫。近年來，我國都會區私人諮商所林立，而且經營不錯，可見諮商服務已經慢慢得到大眾的認可，只是較偏遠縣市與許多弱勢族群，依然沒有被好好關照到！

許多的諮商培育機構所培訓的諮商師，近年來遭遇到多元入學、學生來源較複雜，以及不適任準諮商師的困難，許多連最基本的禮貌與做人、做事的道理都沒有，更遑論在學業上和實習上的表現！走訪多個私人諮商所，其中一位負責人也坦率表示：「連有十年經驗的諮商師也無能力接案，堪用的諮商師需要仔細篩檢！」倘若一般人可以自助助人，是不是可以期待我們的家庭與社會更友善、祥和？有鑑於此，本書作者也期待有更多民眾可以接觸與了解諮商、減少諮商的汙名化（擔心被標籤或貶損，而不願意求助），還可以運用諮商的一些觀點與技巧，讓自己的生活更自在、適意、健康。Corey（2024, pp. 20-21）提及有效能的諮商師是：知道自己是誰、尊重與欣賞自己、對改變開放、做生命方向選擇的主人、眞誠與誠實、有幽默感、願意承認錯誤並修正、活在當下、欣賞文化之美、對他人福祉有興趣、擁有良好的人際技巧、喜愛自己的工作並從中發現意義、熱情且維持健康界限。這些不正是我們希望可以做的自己與想過的生活嗎？

學習諮商、在生活與工作上履行諮商，會讓自己的生活更滿意，更了解與喜愛自己，同時也有意義、正向，增加自我強度、減少挫敗感，對人生抱持著活力與正向意志，也改變了重要他人，與社會大眾同享幸福自在，就是「諮商人」的職志和奉行的圭臬！

**第一序列（first-order change）跟第二序列改變（second-order change）的異同**（Egan & Reese, 2019, p. 307）：

| 第一序列改變 | ◆━━▶ | 第二序列改變 |
|---|---|---|
| 適應目前的狀況 | ┊ | 改變底下的系統 |
| 儘可能活動 | ┊ | 創造新的 |
| 改變是暫時的 | ┊ | 改變是持久的 |
| 修理 | ┊ | 轉變 |
| 依據舊的學習／不學習來做改變 | ┊ | 依據新的學習做改變 |
| 改變受到目前的價值觀與行為驅動 | ┊ | 改變是依據根本改變了的價值觀與行為所驅動 |
| 堅持舊有的敘述 | ┊ | 創造新的敘述 |
| 企圖改變徵狀 | ┊ | 攻擊原因 |

**有效能的諮商師應具有的特色**（Kinnier, 1991, cited in Capuzzi & Gross, 1995, pp. 34-36）：

**自愛**

要有自信、自我悅納與愛自己，接受自己有能力去愛與尊重他人，以及自我實現的能力。

**自我知識**

了解自己，對於自己的感受、動機與需求保持覺察，會自我反省且願意去了解自己。

**自信與自我控管**

對自己有自信且可以獨立作業，有適當的能力與果決行為，可以合理地管控自己的生活並達成目標。

**清晰的現實感**

周遭事物雖然很主觀，但是有足夠的社會共通性，有清楚現實感、對生命樂觀。

**勇氣與韌力**

人生縱使無常，但是願意去面對挑戰與改變現狀，能從沮喪或挫敗中重新振作起來。

**平衡與中庸**

工作與玩樂、笑與淚、享受預先計畫或自發性的時光，可以很邏輯、也很直覺。

**愛他人**

深切關切他人福祉或是人類的處境，有隸屬感、給予與接受愛，與他人發展緊密的關係。

**愛生命**

幽默、自發性、開放、積極主動、好奇、愛冒險、享受悠閒，也期待偶發的情況。

**生活有目標**

生活有目標，也願意去投資、創造意義與滿意度。

**專業助人者的人格特質**（Brems, 2001, pp. 20-22）：

- 自信與能力
- 自尊並適當運用權力
- 願意自省與自我探索
- 認知的複雜性
- 親密關係能力
- 有延宕滿足的能力
- 延宕情感表達的能力（要適時適地）
- 個人心理健康
- 文化敏銳度
- 尊重他人
- 忍受曖昧不明
- 接納與開放態度
- 同理
- 彈性
- 倫理與專業覺知
- 覺察與個人表達型態
- 良好的個人界限

# 參考書目

王亦玲、蘇倫慧、蔡曉雯、黃亮慧（譯）（2015）。兒童心理諮商：理論與技巧。台北：禾楓。D. A. Henderson, & C. L. Thompson (2011). *Counseling children* (8th ed.)

王沂釗、蕭珺予、傅婉瑩（譯）（2014）。團體諮商歷程與實務。M. Schneider Corey, G. Corey, & C. Corey (2014). *Groups: Process & practice* (9th ed.).

田秀蘭、林美珠譯（2013）。助人技巧：探索洞察與行動的催化。台北：學富 C. E.。Hill, (2009). *Helping skills: Facilitating, exploration, insight, & action.*

汪淑媛（譯）（2007）。讀夢團體原理與實務技術。台北：心理。M. Ullman (1996). *Appreciating dreams: A group approach.*

李慧貞、潘祥齡、周秀姝、陳素惠（譯）（2002）。建構解決之道的會談：焦點解決短期治療。台北：心理。P. De Jong, & I. K. Berg (2006). *Interviewing for solutions.*

林美珠、田秀蘭（譯）（2017）。助人技巧：探索、洞察與行動的催化。台北：學富。C. E. Hill (2014). *Helping skills: Facilitating exploration, insight,and action*(4 th ed.).

林家興（2023）。諮商專業倫理：臨床應用與案例分析（第二版）。台北：心理。

邱珍琬（2012）。諮商理論與技術。台北：五南。

邱珍琬（2016）。圖解團體輔導與諮商。台北：五南。

邱珍琬（2017）。圖解助人歷程與技巧。台北：五南。

邱珍琬（2018）。圖解兒童及青少年輔導與諮商。台北：五南。

邱珍琬（2019）。圖解個別諮商。台北：五南。

邱珍琬（譯）（2020）。協助自傷青少年：了解與治療自傷（第二版）。台北：五南。M. Hollander (2008). *Helping teens who cut: Understanding & ending self-injury.*

邱珍琬（2021）。實習諮商師的挑戰與學習。高等教育研究紀要，*14*，1-27。

邱珍琬（2021）。圖解家族治療。台北：五南。

邱珍琬（2022）。諮商技術與實務（三版）。台北：五南。

邱珍琬（2023）。諮商師的自我議題初探（草稿）。

邱珍琬（2023）。大學生早期記憶與自我強度：一個初探研究。高等教育研究紀要，*17*，21-41。

洪秀如譯（2004）。第二章團體領導。收錄於王行審定，團體諮商理論與實務（pp. 35-76）。台北：學富。G. Corey, (2000). *Theory & practice of group counseling* (5th ed.).

唐子俊、唐慧芳、孫肇玢、陳聿潔、黃詩殷（譯）（2006）。阿德勒諮商。台北：五南。T. J. Sweeney (1998). *Adlerian counseling : A practtiioner's approach.*

孫守湉、林秀玲譯（2011）。教師諮商技巧。台北：心理。J. A. Kottler & E. Kottler (2007). *Counseling skills for teachers* ( 2nd ed).

修蕙蘭、余振民、王淳弘、江文賢（譯）（2024）。諮商與心理治療理論與實務（五版）。台北：雙葉。G. Corey (2024). *Theory & practice of counseling & psychotherapy* (11th ed.).

徐麗明（譯）（2004）。人際歷程心理治療。台北：揚智。E. Teyber (2000). *Interpersonal process in psychotherapy.*

陳玉芯與刑志彬（2022）。遊戲治療師反移情困境與因應。輔導季刊，5（3），43-54。

陳信昭等（譯）（2001）。悖論心理治療：用於個人、婚姻與家庭的理論與實務。台北：五南。G. R. Weeks, & U. L'Abate (1982). *Paradoxical psychology: Theory & practice with individual, couples, & families.*

張在蓓、楊青蕎譯（2020）。找回家庭的療癒力─多世代家族治療。台北：心靈工坊。M. Andolfi (2016). *Multi-generation family therapy: Tools & resources for the therapist.*

許維素（2003）。焦點解決短期心理治療的應用。台北：天馬。

許維素、陳宣融（譯）（2019）。學校輔導中的焦點解決短期諮商。台北：心理。G. B. Sklare (2014). *Brief counseling that works: A solution-focused therapy approach for school counselors & other mental health professionals* (3rd ed.).

程小蘋、胡嘉琪、洪千惠、吳錦鳳、鄒繼礎、夏敏（譯）（2002）。心靈的演出：心理劇方法的實際應用。台北：學富。A. Blatner (1996). *Acting-in: Practical applications of psychodramatic methods.*

黃雅文、張乃心、蕭美慧、林泰石、林珊吟、范玉玟、賴彥君（譯）（2006）。生命教育。台北：五南。A. A. DeSplder, & A. L. Strickland (2005). *The last dance: Encountering death & dying I.*

黃韻如（2010）。校園危機的管理與輔導。收錄於林萬億、黃韻如，學校輔導團隊工作（第四版）（pp. 499-541）。台北：五南。

廖莘雅（譯）（2009）基本專注技巧。台北：五南。A. E. Ivey, N. G. Packard, & M. B. Ivey (2006). *Basic attending skills.*

歐陽端端（2013）。情緒競爭力 UP！：15 個線索，讓你把事情做完、做對、做好。台北：時報文化。D. Goleman (2011). *The brain & emotional intelligence, new insights*, (1st ed).

劉思潔（譯）（2024）。秩序之上。台北：大家／遠足文化事業。J. B. Peterson (2020). *Beyond order: 12 more rules for life.*

蕭文（2006）。幽默與諮商。「幽默與諮商工作坊」。屏東：屏東大學教育心理與輔導學系。

Anderson, H. (2003). Post modern social construction therapies. In T. L. Sexton, G. R. Weeks, & M. S. Robins (Eds.). *Handbook of family therapy* (pp. 125-146). N. Y.: Brunner-Routledge.

Andover, M. S., Schatten, H. T., Morris, B. W., Holman, C. S., & Miller, I. W. (2017). An intervention for nonsuicidal self-injury in young adults: A pilot randomized controlled trial. *Journal of Consulting & Clinical Psychology, 85*(6), 620 - 631. DOI: 10.1037/ccp0000206

Aoki, S., Kogayu, N., & Ono, S.(2023). Persistence and cessation of nonsuicidal self-injury under psychotherapy. *Rorschachiana. Advance online publication.* DOI: 10.1027/1192-5604/a000171

APA (2013). *The Diagnostic & statistical manual of mental disorders* (DSM–5) Washington, D.C.: American Psychiatric Association.

Berman, A. L., Jobes, D. A., & Silverman, M. M. (2006). *Adolescent suicide: Assessment & intervention* (2nd ed.). Washington, DC: American Psychological Association.

Berg, K. I. & Steiner, T. (2003). *Children's solution work.* N. Y.: W.W. Norton & Company.

Berg, R. C., Landreth, G. L., & Fall, K. A. (2006). *Group counseling : Concepts & procedures* (4th ed.). N. Y.: Routledge.

Brems, C. (2001). *Basic skills in psychotherapy & counseling.* Belmont, CA: Wadsworth/ Thomas Learning.

Capuzzi, D. & Gross, D. R. (1995). Achieving a personal and professional identity. In D. Capuzzi & D. R. Gross (Eds.). *Counseling & psychotherapy: Theories & interventions.* (pp. 29-50). London: Prentice-Hall, Inc.

Chen, M-W., & Giblin, N. J. (2018). *Individual counseling & therapy: Skills & techniques.* N. Y.: Routledge.

Cormier, W. H. & Cormier, L. S. (1991). *Interviewing strategies for helpers: Fundamental skills & cognitive behavioral interventions* (3th ed.). Pacific Grove,CA: Brooks/Cole.

Corey, G. (2001). *The art of integrative counseling.* Belmont, CA: Brooks/Cole.

Corey, G. (2005). *Theory & practice of counseling & psychotherapy* (7th ed.). Belmont, CA: Brooks/Cole—Thomson Learning.

Corey, G. (2013). *Case approach to counseling & psychotherapy* (International 8th ed.). Belmont. CA: Brooks/Cole.

Corey, G. (2017). *Theory & practice of counseling & psychotherapy* (10th ed.). Singapore: Cengage Learning Inc.

Corey, G. (2019). *The art of integrative counseling* (4th ed.). Alexandria, VA: American Counseling Association.

Corey, G. (2024). *Theory & practice of counseling & psychotherapy* (11th ed., global edition). Boston, MA: Cengage Learning, Inc.

Culley, S. (1991). *Integrative counseling skills in action.* London: Sage.

Curtis, C. (2024). Interrupting the self-harm continuum: Identification of an intervention opportunity. *Crisis: Journal of Crisis Intervention Suicide Prevention.* DOI: 10.1027/0227-5910/a000937

Doyle, R. E. (1998). *Esssential skills & strategies in the helping process* (2nd ed.). Pacific Grove, CA:Brooks/Cole.

Egan,G., & Reese, R. J. (2019). *The skilled helper: A problem-management & opportunity-development approach to helping* (11th ed.). Boston, MA: Cengage.

Forsyth, D. R. (1999).*Group dynamics* (3rd ed.). Belmont, CA: Brooks/Cole.

Geldard, K., & Geldard, D. (1997). *Counseling children: A practical introduction.* London: Sage.

George, R. L., & Cristiani, T. L. (1995). *Counseling theory & practice* (4th ed.).Needham Heights, MA: Simon & Schuster Company.

Gilman, R., & Chard, K. M. (2007). Cognitive-behavioral and behavioral approaches. In H. T. Prout & D. T. Brown (Eds.), *Counseling & psychotherapy with children & adolescents: Theory & practice for school & clinical settings* (pp. 241-278). Hoboken, NJ: John Wiley & Sons, Inc.

Gladding, S. T. (1998). *Family therapy: History, theory, & practice* (2nd ed.). Upper Saddle River, N.J.: Simon & Schuster/A Viacom Company.

Goldenberg, H., & Goldenberg, I. (1998). *Counseling today's families* (3rd ed.). Pacific Grove, CA: Brooks/Cole.

Hackney, H. L., & Cormier, S. (1994). *The professional counselor: A process guide to helping* (4th ed.). Needham, MA:Allyn & Bacon.

Hackney, H. L., & Cormier, S. (2009). *Professional counselor: A process guide to helping* (6th ed.). Upper Saddle, NJ: Pearson.

Haig, R A. (1988). *The anatomy of humor: Biopsychosocial & therapeutic perspectives.* Springfield, IL: Charles C. Thomas.

Halbur, D. A., & Halbur, K. V. (2006). *Developing your theoretical orientation in counseling & psychotherapy.* Boston, MA: Pearson Education, Inc.

Hayes, J. A., McCracken, J. E., Hill, C. E., McClanahan, Harp, J. S., & Carozzoni, P. (1998). Therapist's perspectives on countertransference: Qualitative data in search of theory. *Journal of Counseling Psychology, 45*(4), 468-482.

Hill, C. E. (2020). *Helping skills: Facilitating exploration, insight, and action* (5th ed.). Washington, DC.: American Psychological Association.

Hill, C. E., & O'Brien, K. M. (1999). *Helping skills: Facilitating exploration,insight, & action.* Washington, DC.: American Psychological Association.

Ivey, A. E., & Ivey, M. B. (2008). *Essentials of intentional interviewing: Counseling in a multicultural world.* Belmont, CA: Brooks/Cole.

Jacobs, E. E., Masson, R. L. L., & Harvill, R. L. (2009). *Group counseling: Strategies & Skills* (7th ed.). Pacific Grove, CA: Brooks/Cole.

Johnson, D. W. & Johnson, F. P. (1994).*Joining Together: Group theory & group skills.* Boston, IL: Allyn& Bacon.

Joyce, P., & Sills, C. (2014). *Skills in Gestalt counseling & psychotherapy.* London: Sage.

Kottler, J. A., & Brew, L. (2003). *One life at a time: Helping skills & interventions.* N.Y.: Brunner-Routledge.

Kottler, J. A., & Hazler, R. J. (1997). *What you never learned in graduate school: A survival guide for therapists.* N.Y.: W. W. Norton & Company.

Krysinska, K., Andriessen, K., Bandara, P., Reifels, L., Flego, A., Page, A. et al., (2023). The cost-effectiveness of psychosocial interventions following self-harm in Australia. *Crisis: Journal of Crisis Intervention & Suicide Prevention Advance online publication.* DOI: 10.1027/0227-5910/a000926

Lemma, A. (2007). Psychodynamic therapy: The Freudian approach. In W. Dryden (Ed.), *Dryden's handbook of individual therapy* (5th ed.)(pp. 27-55). London: Sage.

Lewis, S. P., Heath, N. L., Bloom, E. L., Baetens, I., Brausch,A. M., Hamza, C. A. et al., (2022), School-based recommendations for addressing nonsuicidal self-injury: Application to rural settings. *Journal of Rural Mental Health, 46*(3), 183-194. DOI: 10.1037/rmh0000211

Long, V. O. (1996). *Communication skills in helping relationships: A framework for facilitating personal growth.* Pacific Grove, CA: Brooks/Cole.

Malchiodi, C. A. (1998). *Understanding children's drawings.* N.Y.: Guilford Press.

Martin, D. G. (2000). *Counseling & therapy skills (2$^{nd}$ ed.).* Prospect Heights, IL: Waveland.

Minuchin, S., & Nichols, M. P. (1993). *Family healing: Tales of hope & renewal from family therapy.* N.Y.: Free Press.

Mosak, H. H. (1987). *Ha ha and aha: The role of humor in psychotherapy.* Chicago, IL: Acceralerated Development.

Murdock, N. L. (1995). Case conceptualization: Applying theory to individuals. *Counselor Education & Supervision, 30*(4), 355-365.

Muro, J. J., & Kottman, T. (1995). *Guidance & counseling in the elementary & middle schools: A practical approach.* Dubuque, IA: Wm. C. Brown Communications, Inc.

Nelson-Jones , R. (2005). *Introduction to counseling skills: texts & activities* (2nd ed.). London: Sage.

Nystul, M. S. (2006). I*ntroduction to counseling: An art & science perspective* (3rd ed).

Boston, MA: Pearson.

Okun, B. F., & Suyemoto, K. L. (2013). *Conceptualization & treatment planning for effective helping*. Belmont, CA: Brooks/Cole.

Osborn, C. J., Dean, E. P., & Petruzzi, M. L. (2004). Use of silulated multidisciplinary treatment teams and client actors to teach caseconceptualization and treatment planning skills. *Counselor Education & Supervision, 44*(2), 121-134.

Payne, M. (2007). Narrative therapy. In Dryden, W. (Ed.), *Dryden's handbook of individual therapy* (5th ed) (pp. 401-423). London: Sage.

Pipes, R. B., & Davenport, D. S. (1990). *Introduction to psychotherapy: Common clinical wisdom*. Englewood Cliffs, N. Y. : John Wiley & Sons.

Riva, M. T., Wachtel, M., &Lasky, G. B. (2004). Effective leadership in group counseling & psychotherapy: Research & practice. In J. I. DeLucia-Waack, D. A. Gerrity, C. R. Kalodner, & M. T. Riva (Eds.). *Handbook of group counseling & psychotherapy* (pp. 37-48). Thousand Oaks, CA: Sage.

Sanders, D., & Wills, F. (2005). *Cognitive therapy: An introduction* (2nd ed.). Thousand Oaks, CA: Sage.

Schneider Corey, S., & Corey, G. (2011). *Becoming a helper* (6th ed.). Belmont, CA: Brooks/Cole.

Schneider Corey, M., Corey, G., & Corey, C. (2014).*Groups process & Practice* (9th ed.). Belmont, CA: Brooks/Cole.

Sharf, R. S. (2012). *Theories of psychotherapy & counseling concepts & cases* (5th ed.). Belmont, CA: Brooks/Cole.

Sharry,J. (2004). *Counseling children, adolescents & families: A strengths-based approach*. Thousand Oaks, CA: Sage.

Seligman, L. (2006). *Theories of counseling & psychotherapy: Systems, strategies, & skills* (2nd ed). Upper Saddle River, NJ: Pearson Prentice Hall.

Siegelman, E. Y. (1990). *Metaphor & meaning in psychotherapy*. N.Y.: Guilford.

Selekman, M. D. (1997). *Solution-focused therapy with children: Harnessing family strengths for systemic change*. N.Y.: Guilford.

Sommers-Flanagan, J., & Sommers-Flanagan, R. (2007). *Tough kids cool counseling: User-friendly approaches with challenging youth*. Alexandria, VA: American Counseling Association.

Staniland, L., Hasking, P., Boyes, M. & Lewis, S. (2021). Stigma and nonsuicidal self-injury: Application of a conceptual framework. *Stigma & Health, 6*(3), 312-323. DOI: 10.1037/sah0000257

Tang, W. C., Lin, M. P., You, J., Wu, J. Y., & Chen, K. C. (2021). Prevalence and psychosocial risk factors of nonsuicidal self-injury among adolescents during the COVID-19 outbreak. *Current Psychology Advance online publication.* https://doi.org/10.1007/ s12144-021-01931-0

Tolan, J. (2003). *Skills in person-centered counseling & psychotherapy.* London:Sage.

Tudor, K., & Worrall, M. (2006). P*erson-centered therapy: A clinical philosophy.* London: Routledge.

Warner, J., & Baumer, G. (2007). Adlerian therapy. In W. Dryden (Ed.), *Dryden's handbook of individual therapy* (5th ed)(pp. 124-143). London: Sage.

Welch, I. D., & Gonzalez, D. M. (1999). *The process of counseling & Psychotherapy : Matters of skill.* Pacific Grove, CA: Brooks/Cole.

Whitmore, D. (2004). *Psychosynthesis counseling in action* (3rd ed.). London: Sage.

Witmer, J. M., & Sweeney, T. J. (1995). A holistic model for wellness & prevention over life span. In M. T. Burke & J. G. Miranti (Eds.), *Counseling the spiritual dimension* (pp. 19-39). Alexandria, VA: American Counseling Association.

Zimmerman, J. L., & Dickerson, V. C. (2001). Narrative therapy. In R. J. Corsini (Ed.), *Handbook of innovative therapy* (2nd ed.)(pp. 415-426). N. Y.: John Wiley & Sons.

Zubernis, L. & Snyder, M. (2016). *Case conceptualization & effective interventions.* Thousand Oaks, CA: Sage.

國家圖書館出版品預行編目資料

圖解諮商助人技術/邱珍琬著. -- 初版.
-- 臺北市 ： 五南圖書出版股份有限公司，
2025.01
　面；　公分
ISBN 978-626-393-943-1(平裝)
1.CST: 心理諮商 2.CST: 諮商技巧
178.4　　　　　　　　113017703

1B3V

# 圖解諮商助人技術

作　　者 ― 邱珍琬（149.2）

編輯主編 ― 王俐文

責任編輯 ― 金明芬

封面設計 ― 封怡彤

出 版 者 ― 五南圖書出版股份有限公司

發 行 人 ― 楊榮川

總 經 理 ― 楊士清

總 編 輯 ― 楊秀麗

地　　址 ： 106台北市大安區和平東路二段339號4樓

電　　話 ： (02)2705-5066

傳　　真 ： (02)2706-6100

網　　址 ： https://www.wunan.com.tw

電子郵件 ： wunan@wunan.com.tw

劃撥帳號 ： 01068953

戶　　名 ： 五南圖書出版股份有限公司

法律顧問 ： 林勝安律師

出版日期 ： 2025年1月初版一刷

定　　價 ： 新臺幣400元整

# 經典永恆・名著常在

## 五十週年的獻禮——經典名著文庫

五南，五十年了，半個世紀，人生旅程的一大半，走過來了。

思索著，邁向百年的未來歷程，能為知識界、文化學術界作些什麼？

在速食文化的生態下，有什麼值得讓人雋永品味的？

歷代經典・當今名著，經過時間的洗禮，千錘百鍊，流傳至今，光芒耀人；

不僅使我們能領悟前人的智慧，同時也增深加廣我們思考的深度與視野。

我們決心投入巨資，有計畫的系統梳選，成立「經典名著文庫」，

希望收入古今中外思想性的、充滿睿智與獨見的經典、名著。

這是一項理想性的、永續性的巨大出版工程。

不在意讀者的眾寡，只考慮它的學術價值，力求完整展現先哲思想的軌跡；

為知識界開啟一片智慧之窗，營造一座百花綻放的世界文明公園，

任君遨遊、取菁吸蜜、嘉惠學子！